英语教学与信息技术的融合研究

陈 洁 著

吉林人民出版社

图书在版编目（CIP）数据

英语教学与信息技术的融合研究 / 陈洁著. -- 长春：
吉林人民出版社，2023.12

ISBN 978-7-206-20784-6

Ⅰ．①英… Ⅱ．①陈… Ⅲ．①英语－教学研究 Ⅳ.
①H319.3

中国国家版本馆CIP 数据核字（2023）第246217号

英语教学与信息技术的融合研究

YINGYU JIAOXUE YU XINXI JISHU DE RONGHE YANJIU

著　　者：陈　洁

责任编辑：张文君　　　　　　　　　封面设计：张田田

出版发行：吉林人民出版社（长春市人民大街 7548 号　邮政编码：130022）

印　　刷：廊坊市广阳区九州印刷厂

开　　本：787mm×1092mm　　　　　1/16

印　　张：9.5　　　　　　　　　字　　数：190千字

标准书号：ISBN 978-7-206-20784-6

版　　次：2023年12月第 1 版　　　印　　次：2023 年12月第 1 次印刷

定　　价：68.00元

前　言

　　伴随着经济全球化的不断发展，信息技术已成为现代社会中不可或缺的一项重要技术，并且正在逐渐渗透到生产、生活的方方面面，而教育便是受其影响深刻的一个重要方面。信息化教育是伴随着信息技术发展和教育发展进程而产生的一种符合现代化潮流的新型教育发展趋势。信息化与英语教学的融合意味着英语教育体系和方法的改革创新。两者是相辅相成的，信息化的运用为英语学科的发展提供了新型的手段和媒介，对于教育理念、教学方法、教学效果具有十分重要的意义，而英语学科又为信息化提供了载体，使信息化教育在实践中获得更好的运用。也就是说，信息化教育与英语学科的融合就是把信息化运用到英语学科教学的实践活动中，为英语教学提供丰富的信息资源、多样的研究工具和手段。此外，信息化教育的有效运用还能为英语教学实践提供方法论上的指导。

　　随着信息化时代的到来，扩大以互联网技术为依托的信息技术的应用范围，在教育领域应用信息技术，能够促进教学模式的优化与升级，为教育改革创新提供更有力的支撑。信息化教育与英语教学融合的宗旨在于帮助英语授课教师在最大限度提升教学质量与工作效率。只有英语教师真正认识到信息化教学在英语教学过程中应用的重要意义，才能更有效地实施英语教学策略，保证教学工作的有序开展。

　　本书首先介绍了信息技术与信息化教学，并详细地分析了信息化背景下的大学英语教学模式、信息化背景下的大学英语教学方法以及信息化背景下信息技术与大学英语课程整合，接着对信息技术与英语教学深度融合的机遇与挑战、内涵与本质以及信息技术与英语教学融合模式与创新等做出了重要探讨。本书很好地做到了理论与实践相结合，使师生能够在理论的指导下进行教学和学习，同时语言生动朴实，便于理解。无论是对英语教师、学生还是相关教学研究者来说，本书都具有一定的参考和借鉴价值。

　　本书在撰写过程中，吸收和借鉴了许多专家学者的研究成果，在此一并表示感谢。由于水平有限以及信息化教学的不断发展，书中难免存在不足之处，恳请广大读者批评指正。

目　录

第一章　信息技术与信息化教学

第一节　信息技术概述

一、信息技术的内涵

"信息技术"这一术语含义十分广泛，而且还处于不断发展演变之中，因此很难给出一个确切的定义。为了方便研究和使用，研究者根据自身的理解对信息技术给出了不同的定义。目前已有的资料显示，国内和国外的学者对信息技术的定义大致可分为描述性定义和功能性定义两种。描述性定义主要是站在信息技术具体形式的角度来论述信息技术的定义的。这类定义主要是观察信息技术的外在表现形式，较为具体形象，容易理解，其不足之处是不够准确。功能性定义注重的是阐明信息技术的内在本质或根本作用，其与信息技术可能呈现或利用的物质或能量的具体形式无关。功能性定义中比较有代表性的有以下十种。

1.信息技术以信息的输入、存储、加工和传递为主要内容，致力于用微处理机代替电子机械设备。

2.信息技术是关于信息的收集、加工、存储、检索、传递、利用的理论和方法的总称。

3.信息技术是以微电子学为基础，计算机技术和电信技术相结合而形成的技术手段，是对声音、图像、文字、数字和各种传感信号的信息进行获取、加工处理、存储、传播和使用的能动技术。

4.信息技术一般指在计算机和通信技术的支持下，用以采用、存储、处理、传递、显示各种介质信息的技术的总称。

5.信息技术指在计算机和通信技术的支持下，用来获取、加工、存储、转换、显示和传输文字、数值、图像、视频、声频以及声音信息，包括提供设备和信息服务的技术方法和设备的总称。

6. 信息技术指关于信息的产生、识别、提取、变换、存储、传递、处理、检索、分析、决策、控制和利用的技术。

7. 信息技术指一个信息系统在采集、输入、描述、存储、处理、输出和传递信息的过程中所用到的相关技术的总和。

8. 信息技术是管理、开发和利用信息资源的有关方法、手段和操作程序。

9. 信息技术指人们在生产斗争、科学实验以及认识自然和改造自然的过程中积累起来的获取信息、传递信息、存储信息、处理信息以及使信息标准化的经验、知识、技能和体现这些经验、知识、技能的劳动资料有目的地结合的过程。

10. 信息技术是能延长或扩展人的信息能力的技术。

以上对信息技术的定义虽然在表述形式上不一样，但在实质上没有较大差别，都是从功能方面揭示信息技术的本质。

二、信息技术的分类

按照不同的角度对信息、技术所包含的基本内容可以对信息技术进行划分，常见的划分标准有如下几种。

1. 根据信息技术是否有实物的表示形式而将其分成"硬"信息技术和"软"信息技术两大类。"硬"信息技术如同计算机硬件一样，是已经转化成具体信息设备的信息技术，如复印机、电话机、数码相机、电子计算机和通信卫星等；"软"信息技术类似计算机软件，是人类在长期信息活动中积累并形成的有关信息采集、处理、检索等的经验、知识、方法与技能，如语言、文字、信息调查技术、信息组织技术、统计技术、预测与决策技术和信息标准化技术等。

2. 根据信息技术组成的基本元素可以将其分为感测技术、通信技术、智能技术及控制技术。

（1）感测技术：包括传感技术和测量技术。它是人类感觉器官功能的延伸，能够使人们可以更好地从外部世界提取有用的信息。

（2）通信技术：包括信息的空间传递和时间传递技术。它是人类传导神经系统传递功能的延伸。

（3）智能技术：包括计算机硬件技术、计算机软件技术、人工智能技术和人工神经网络技术等。它是人类思维器官功能的延伸，其目的是更好地处理和再生信息。

（4）控制技术：包括调节技术和自动控制技术。它是效应器官功能的扩展和延长，其功能是根据输入的指令信息对外部事物的运动状态和运动方式实施干预，以便更好地应用信息。

3. 根据一定的次序划定的等级可将其划分为主体信息技术和应用信息技术。

（1）主体信息技术：是按照技术的功能区分出来的信息技术，包括感测技术、通信技术、计算机技术和控制技术等。其中，通信技术和计算机技术是整个主体技术的核心部分。

（2）应用信息技术：指针对各种实用目的，由主体技术繁衍而生成的各种应用技术群，以及主体技术通过合成、分解和应用生成的各种具体的实用信息技术。应用信息技术广泛渗透到工业、农业、军事、教育、科学文化等各个领域，构成了一个完整的应用技术体系。

4. 从信息系统功能的角度可将信息技术划分为信息输入输出技术、信息描述技术、信息存储检索技术、信息处理技术和信息传播技术。

5. 按照专业信息工作的基本环节或流程，可将其划分为信息获取技术、信息传递技术、信息存储技术、信息检索技术、信息加工技术和信息标准化技术。

以上从不同角度对信息技术进行的划分都不是绝对的。在大多数情况下，各行业、各领域人们的研究目的和使用习惯不同，对信息技术也就有不同的划分。弄清了信息技术的划分，可以以此为基础构建信息技术的体系结构。

三、信息技术的发展趋势

信息技术未来将沿着以下几大技术方向发展。

（一）人工智能

人工智能（Artificial Intelligence，简写为 AI）是研究、开发用于模拟、延伸和扩展人的智能的理论、方法、技术及应用系统的一门新的技术科学。人工智能是计算机科学的一个分支，它企图了解智能的实质，并生产出一种新的应用与人类智能相似的方式做出反应的智能机器。该领域的研究包括机器人、语言识别、图像识别、自然语言处理和专家系统等。"人工智能"一词最初是在 1956 年 Dartmouth 学会上提出的，从那以后，研究者们提出了众多理论和原理，人工智能的概念也随之扩展。人工智能是一门极富挑战性的科学，从事这项工作的人必须懂得计算机知识、心理学和哲学。人工智能的研究范畴包括语言的学习与处理、知识表达、智能搜索、推理、规划、机器学习、知识获取、组合调度问题、感知问题、模式识别、逻辑程序设计、软计算、不精确和不确定的管理、人工生命、神经网络、复杂系统、遗传算法等，最关键的难题是机器的自主创造性思维能力的塑造与提升。人工智能在英语教学研究中的一个重要领域是机器翻译和智能控制。

（二）物联网

1999 年，美国麻省理工学院（MIT）自动识别中心（Auto-ID Labs）提出网络化无线射频识别（RFID）系统，利用信息传感设备将物品与互联网连接起来，实现智能化识别和管理。

物联网指通过信息传感设备，按照约定的协议，把任何物品与互联网连接起来，进行信息交换和通信，以实现智能化识别、定位、跟踪、监控和管理的一种网络。它是在互联网基础上延伸和扩展的网络。物联网的概念有狭义和广义之分。狭义物联网即"联物"，是基于物与物间的通信，实现"万物网络化"；广义物联网即"融物"，是物理世界与信息世界的完整融合，以形成现实环境的完全信息化，实现"网络泛在化"，并因此改变人类对物理环境的理解和交互方式。

（三）云技术

云计算（Cloud Computing）是分布式计算技术的一种，其通过网络将庞大的计算处理程序自动拆分成无数个较小的子程序，再交由多部服务器所组成的庞大系统，经搜寻、计算、分析之后将处理结果回传给用户。如果在英语教学中使用云技术，将带来如下好处。

1. 超大规模

云技术的价值在于通过合并计算资源，实现资源的最大化利用。比如，学院可以通过部署服务器来取代学生的电脑主机，将所有主机整合为一个云系统，从而实现资源最大化利用。

2. 虚拟化

虚拟化后，教师给学生分配的不再是真实机器，而是根据需要配置的对应性能的虚拟机，在管理上减轻了学院的工作量。

3. 可靠性

云技术将所有的核心资源都统一到系统里，其分布式系统的特性决定了云技术比传统方式有更高的安全性。学生和教师端如果出现设备故障，可以以模块化方式快速更换，教师和学生甚至可以使用自己的手机、平板电脑作为终端设备。云系统端一旦实现设备故障，可在短时间内进行更换，并迅速恢复运行。

4. 可扩展性

当教学任务变化或者教学系统需要升级时，只需要对核心设备进行升级或者增加设备即可，实验室与使用者端的设备不需要任何更改。

5. 按需服务

可以根据课程量、学生人数进行资源分配，能实现资源分配的合理化、科学化。比如，教室根据需要可以自由组合，通过云技术，可以根据课程来灵活安排任意人数上课。

6. 极其廉价

云技术与传统方式相比，最大的优点是规模越大，成本越低。其对学院发展和对外合作都有积极的促进作用。

（四）大数据

大数据是 IT 行业的词汇，紧随其后的数据仓库、数据安全、数据分析、数据挖掘等围绕大数据商业价值的利用逐渐成为行业人士争相追捧的利润焦点。大约从 2009 年开始，大数据成为互联网信息技术行业的流行词汇。美国互联网数据中心指出，互联网上的数据每年将增长 50%，每两年翻一番，而目前世界上 90% 以上的数据都是最近几年才产生的。数据并非单纯指人们在互联网上发布的信息，全世界的工业设备上有着的无数数码传感器，随时测量和传递着有关位置、运动、振动、温度、湿度乃至空气中化学物质的变化，产生了海量的数据信息。而物联网、云计算、移动互联网、车联网、手机、平板电脑、PC 以及遍布世界各个角落的各种各样的传感器，无一不是数据来源或者承载的方式。

大数据是继云计算、物联网之后的又一次产业颠覆性的技术变革。云计算主要为数据资产提供保管、访问的场所和渠道，而数据才是真正有价值的资产。企业内部的经营交易信息、物联网世界中的商品物流信息、互联网世界中人与人的交互信息、位置信息等，其数量远远超越现有企业架构和基础设施的承载能力，实时性要求也大大超越现有的计算能力。如何盘活这些数据资产，使其为国家治理、企业决策乃至个人生活进行服务，是大数据的核心议题，也是云计算内在的灵魂和必然的升级方向。大数据时代，网民和消费者的界限正在消弭，企业的疆界变得模糊，数据成为核心的资产，并将深刻影响企业的业务模式，甚至重塑其文化和组织。因此，大数据对国家治理模式，对企业的决策、组织和业务流程，对个人生活方式都将产生巨大的影响。

第二节 信息技术在教育中的应用

一、信息技术在大学英语教学中的应用领域

（一）课程设置

依据教育部门相关文件要求，各高校应该根据自己的办学特点、学科优势、师资力量以及软硬件配套现状设计具有鲜明特色的大学英语课程体系。无论是综合英语类、语言技能类、语言文化类还是专业英语类的必修及选修课程，都需要充分考虑对学生听说能力的培养。听说是构成语言能力的技能部分，也是完全内化后语言技能的显性体现。学生和教师的英语交流以及学生之间的英语交流会受到范例不足而导致语音不标准或者语用不得体的现象发生。因此，为了提高学生的听说技能，各高校在课程设置上应相对弱化教师讲授所占的比重，大量使用先进的信息技术，尽可能地营造真实的听说环境。

（二）教学模式

传统的教学模式以单一的教师讲授为主，新时期的高等教育大力倡导以现代信息技术和网络技术为支撑，采用基于课堂和计算机的两种教学模式。基于课堂的教学模式最突出的特点是比较适合读、写、译三种技能的培养和提高；基于计算机的教学模式可在学生自学并有教师辅导的教学环境下，逐步培养学生的听、说、读、写、译五项技能。该模式的优点是可以直接作用于听、说两种技能，并为其余三种技能创造信息化环境。例如，无纸化阅读和电子输入，不仅提高了广大学生的语言文化知识技能，而且全方位培养了学生适应信息时代全新的学习和工作的能力。也有学者提出过计算机和课堂相混合的教学模式，该模式是硬件教育资源充分配置下基于计算机和课堂两种模式的多元融合，可以确保在不受时间和空间限制的前提下，对英语五项技能进行立体化教学。

（三）教学评估

教学评估是检验教学质量、获取反馈信息的重要依据，也是完善教学方法、调整教学策略、提高教学水平的有效手段，它既对学生的学习进行评估，又对教师的教学

进行评估。信息技术在教学评估中比较适用于对学生学习进行形成性评估。在学生的自主学习阶段，实施计算机和课堂的教学模式，使用综合完善的教学管理软件和流畅开放的计算机网络，有助于实时形成大学生自主学习记录，及时建立学习档案，并且为教师提供动态客观的第三方监控，以最终形成评估结论。在对学生的终结性评估以及对教师的评估中，信息技术有助于教学实施者建立完备的评估结论档案体系，在技术上为语言教育研究者和教育行政管理者提供统计上的便利，以利于更深层次地发掘评估结论和教学过程的内在关联，促进行政管理和教学实践的互补协调。

（四）教学管理

教学管理贯穿于大学英语教学的全过程。基于计算机和网络的大学英语教学及管理软件将一切在教学和管理中形成的文件以电子文档的形式自动建档并归类，使相关责任主体和学习主体能不受时空限制随时查阅。在基于计算机和局域网的教师讲授和学生自主学习过程中，教师不必走到学生中间去一一观察或管理，既降低了教师作为观察者对学生心理状态的干扰，又减轻了教师的后台管理工作。在基于互联网的远程学习和第二课堂中，信息技术更能发挥其良好的管理功能，在线互动、收发作业、知识信息的电子传输、学习效果反馈等均可以通过网络课程软件得以实现。以信息技术为利器，教学管理者可以以在线培训的方式不断强化对教师的培训，进而提高教学团队的整体水平。

二、信息技术在大学英语教学中的应用过程

（一）转变教学观念，改进教学方法，开展信息化教学

在传统教学模式下，教师常常处于中心地位，学生处于被动接受的状态，现在这种英语教学模式已不能满足人才培养的需要。大学英语教师必须转变教学观念，接受新事物、新技术，积极学习网络多媒体技术，深刻了解网络多媒体技术应用于大学英语课堂为英语教学带来的变革性影响，积极利用网络多媒体技术进行课堂教学，改进教学方法，积极探索新的教学模式，力求使多媒体信息技术更好地为英语教学服务。

在大学英语教学中应用信息技术，不仅要转变教学方法和教学手段，而且要转变教学理念。教师是知识的讲授者和传播者，教学的目的是培养学生，使其掌握新知识、新技能。学生是大学英语教学中的对象和主体，因而大学英语教学效果应以学生的学习效果为依据，而学习效果在很大程度上取决于学生主体性的充分发挥，学生的主体性要求教师把学习的主动权交给学生，给他们自主学习的时间与空间。所以，教师应

当摒弃以教师为中心、单纯传授语言知识和技能的教学思想和实践，而转向以学生为中心、注重既传授语言知识与技能，又培养学生语言实际应用能力和自主学习能力的教学思想和实践，使教学以培养学生终身学习能力为导向，逐步实现终身教育。信息技术需要最终应用于教学实践中，只有这样，才能发挥其服务于大学英语教学、改变教学模式、培养学生自主学习能力、提高学生综合文化素养的作用。首先，可以在课程设置时充分考虑高校现有的信息化软硬件环境，设计出符合自己办学特点的大学英语课程体系。其次，在教学模式上应充分利用现代信息技术，采用基于计算机和课堂的英语教学模式，改进以教师讲授为主的单一教学模式，体现大学英语教学的实用性、知识性和趣味性相结合的原则，从而调动教师和学生两方面的积极性，尤其要体现学生在教学过程中的主体地位和教师在教学过程中的主导作用。再次，在教学评估中应加大对现代信息技术的利用，以及以此为依托的评估结果所占的比重。最后，在教学管理工作中，可以开发综合性的教学管理软件，以便各类教学文件的存档管理、教学活动的动态监控、教师的在线培训等相关活动的开展。

（二）改革评价方式，关注学习过程

评价方式是教学中的重要环节。大学英语教学要求我们改革评价方式，关注学生学习过程中的情感态度、学习方法、实践能力等综合因素，并对学生实现全面、客观、科学的评价。信息技术在大学英语教学中的应用，能赋予教学评价更多的指导作用和教育意义，实现以评促学。例如，教师可以利用网络教学平台的存储功能，为每个学生建立"个人作品集"，将学生的课堂表现和课后作业以音频、视频或图片的形式存储起来。这样可以使学生发现自己在英语学习中的长处与不足，看到自己的成长与进步。然后教师再对学生进行过程性评价和激励性评价，使学生通过评价，体会到学习英语的乐趣，提高英语教学的效率。

（三）架构信息化教学环境，加强网络资源库建设

一方面，配备计算机，建设计算机辅助教学语言实验室，架设局域网络，开放与网络连接的端口是信息技术应用于大学英语教学的物质基础，也称作硬环境建设。一般来讲，高校在架构设备设施时，应处理好以下三方面的关系：办学特点、投资成本、利用效率。在投入之初，应当积极开展专家论证、教师调研、实践考察等多种活动，以设计出符合本校办学特点、节约资金且又能发挥其最大功效的硬件体系。另一方面，开发和建设各种基于计算机和网络的教学软件以及网络课程是信息技术应用于大学英语教学的技术保障，也称作软环境建设。软环境建设也需要考虑以上多个方面的因素，通常可以采用独立软件开发和开放式软件采购的方式。独立软件开发适用于统筹有自

己办学特色的各种硬件设备，使之能高效协同运作，这一类软件的开发不会耗费大量的资金，且能充分考虑到各高校的硬件现状以及教师的使用习惯，极具个性化特征。开放式软件采购主要指与教材相匹配的各种教学软件、网络课程以及与之相适应的评估和管理软件。这类软件多基于教材，具有很强的专业性，依靠某个高校内的成员是很难完成的，因此这类软件多由国家教育经费支持，综合全国专家和技术人员共同设计配套开发，各高校只需直接购买即可。

完善的网络多媒体信息设备是信息技术辅助大学英语教学的先决条件，学校有关部门应该积极筹集资金建立多媒体教室、语音室，搭建稳定的校园网络平台，以保证英语教学的顺利进行。此外，学校还要配备相关的技术人员负责校园网络的维护和多媒体使用的指导工作。

网络资源库是用信息技术辅助大学英语教学的必要条件之一，只有丰富的、多样化的网络多媒体资源才能满足教师教学的需要。因此，学校应该组织有关人员讨论研究，深入到学生中，积极制作多样化的多媒体课件。课件制作应该以学生为导向，符合学生认知规律，同时能充分调动学生学习的积极性和主动性，使学生在轻松愉快的课堂氛围中学习英语，有效地掌握英语基本知识和基本技能。

（四）组建信息化教学管理团队

组建团队是信息技术得以在大学英语教学中高效应用的重要环节，一般包括以下几个方面的工作：一是选择成员。在教师团队里，要兼顾年龄分布、职称结构和操作技能这三方面的因素。管理团队的组建需要将行政管理人员和工程技术人员纳入进来，并且要充分考虑学生人数和教师教辅人数的比例。二是明确各成员的职能分工。这主要是针对教师、教辅及管理人员而言的，其职能分工应与教学目标相匹配。三是建立团队的运行管理机制。包括日常沟通机制、应急处理机制、奖惩机制、准入和准出机制等。

英语教师是网络多媒体教学顺利进行的关键所在，教师只有熟练掌握多媒体技术，才能在实际教学中运用自如，从而使网络多媒体技术能够有效地辅助英语教学。因此，学校必须加强对英语教师的信息技术培训。首先，学校可以聘请信息技术人员来校举办讲座，或者利用寒暑假开办培训班，教授英语教师基本的网络多媒体理论和技能。其次，学校还可以定期派英语教师去其他学校交流学习，学习如何利用网络多媒体技术进行英语教学，如何在保证教学质量的同时，增加教学过程的多样性和趣味性。

三、信息技术在大学英语教学中的作用

（一）有助于调动学生学习英语的积极性

实验证明，人类主要通过听觉和视觉获取大量的信息，而且这样获取的信息印象更为深刻。大学英语课堂中使用网络多媒体信息技术可以将图像、声音、文字等信息融为一体，通过人机交互，多方位地刺激学生的感觉器官，全面调动学生的听觉和视觉，为学生营造一个轻松愉快的真实场景，有效地激发学生的学习兴趣，调动学生学习的积极性、主动性和创造性。

（二）有助于学生个性化发展

在传统的大学英语教学中，无论是教学手段还是教学方法都是单一的，教师主要通过口头讲解和纸质教材向学生传授各种语言知识，这种方式很难刺激学生的学习兴趣，学生的学习行为只是被动的、僵化的，学生的个性化难以得到发展。现在教师可以运用信息技术手段辅助大学英语教学，根据教学内容的不同，将文字、图形、图像、声音等物理媒介组合起来，形成多媒体课件，为学生创造一个全新的、多元化的、原汁原味的外语学习环境，让学生充分体验这种语言环境。

在实践教学中，教师可以根据学生的不同个性和不同层次充分使用信息技术设备，设置难易不同的学习内容，并将其存储于网络服务器中，方便学生随时调用这些资源。语言学习环境的建立可以充分激发学生学习语言的兴趣和积极性，也可以转变以教师为中心的教学模式。尊重学生在教学中的主体地位，对于学生个性的形成、创造性思维的培养都是极为有益的，对于学生综合素质的形成也会产生深远而重大的影响，也能够在大学英语教学中真正实现灵活多样的个性化的教学。

（三）有助于培养学生自主学习能力

大学英语课堂中运用多媒体技术辅助英语教学，彻底改变了传统课堂中以教师为中心，学生被动参与的单一教学模式。新型的教学模式以网络多媒体技术为平台，使学生主动参与其中。学生可以根据自己的情况自主选择所要学习的内容和学习方式，自由地获取所需的知识和信息，以满足自身求知的欲望。该教学模式极大地调动了学生学习英语的积极性，培养了学生自主学习的能力。

大学英语教学的目的不仅仅是向学生传授语言知识，更重要的是培养和提高学生运用英语进行交流的能力。要使英语真正成为信息化和国际化社会必备的工具性知识和交际工具，运用信息技术构建情景式教学环境是教学过程中的一个重要手段。

在教学过程中，利用音频技术和多媒体技术营造逼真的交际环境，让学生产生身临其境的感觉，有助于激发学生的学习欲望，让学生主动参与到教学实践中，使学生的口语表达能力得以提高。例如，通过模拟某一国际会议的工作布局和完整流程，能从感官体验上锻炼学生的心理素质；通过嵌入式系统、以太网技术、多通道分组通信实时传输协议等数字技术，能对学生进行口译训练、翻译训练、译员训练、同传训练等，使学生的外语技能得到全面锻炼。通过活泼多样的教学方式，将学与练有机结合起来，对学生英语学习能力的提高会起到事半功倍的效果。

（四）有助于培养学生跨文化交际能力

在大学英语课堂中使用网络多媒体信息技术，能为学生提供大量的真实语言环境，让学生身临其境，有助于提高学生的跨文化交际能力。在以前的英语课堂上，英语教师大多是单纯地授课，学生也只是被动地接受和记忆语言知识。而对于这一门特殊的学科而言，如果缺少了语言环境，语言的学习效果就会大打折扣。而多媒体信息技术能通过大量的图文、动画为学生创造一个真实的语言环境，让学生沉浸在真实的语言情境之中，感受英语的魅力，真正理解英语语言和文化，培养学生的跨文化交际能力。

第三节　信息化教学的定义与有效性分析

一、信息化教学的含义

目前，信息化教学在国内有影响的说法主要如下三种。

（1）信息化教学是与传统教学相对而言的现代教学的一种表现形态，其以信息技术的支持为显著特征。当然，以信息技术为支持只是信息化教学的一个表面特征，在更深层面上，它还涉及对现代教学观念的指导和现代教学方法的应用。

（2）信息化教学是以现代信息技术为基础的新的教学体系，包括教学观念、教学内容、教学组织、教学资源、教学模式、教学技术、教学评价、教学环境、教学管理等一系列的改革和变化。信息化教学主要包括六个要素，其中信息网络是基础，信息资源是核心，信息资源的利用与信息技术的应用是手段，而培养信息化人才是目的，信息技术产业和信息化政策、法规和标准是其保障。信息化教学是以教学过程的设计和学习资源的利用为特征的。

（3）信息化教学是信息化教育的主干、核心和重要的表现形态。相对于传统教学，信息化教学是以现代信息技术，特别是计算机技术支持为显著特征的一种教学形态。然而，这并不意味着"技术中心""技术为本"或"技术决定论"，而是技术为教学服务。也就是说，信息化教学利用现代信息技术更好地创造"以人为本""以学生的发展为本""以适应信息社会的生存为本"的教育教学条件、环境，使教学效果更明显，使学生的学习更有价值。

二、信息化教学的特点

与传统教学相比，信息化教学的特点主要表现在教学和技术两个层面上。

（一）在教学层面上

1. 教学理念的革新化

与传统教学理念相比，信息化教学理念主要表现出"三个转移"。

第一是教学中心的转移，即由以教师为中心转移为以学生为中心，由以教为中心转移为以学为中心，由以传授知识为中心转移为以"人力开发"（智力、心力和体力）、能力培养特别是创新思维能力培养为中心。

第二是教学目标的转移，即由培养知识型人才转移为培养能力型（重点是信息能力、创新能力和学习能力）、素质型人才，由适应计划经济社会的工作型人才转移为适应信息社会、知识经济、市场竞争、高科技和数字化环境的应用型、创造型人才（主要表现为全面＋个性，人脑＋电脑，智商＋情商）。

第三是教学技术的转移，即由普通的传媒技术转移为以计算机为核心的高新信息技术，由模拟技术转移为数字技术，并由此引发教学模式、教学手段、教学环境乃至教学理论、课程与技术的整合等一系列的变革和转移，这也是信息化教学的主要标志之一。

2. 教学主体的广义化

教学主体任何时候都是学生与教师。与传统的学校教学活动中教师与学生的含义相对具体固定相比，信息化教学活动中的教师与学生的含义要广义得多。教师不仅有"人化"的实体，更有"物化"的电子教室（如各种形式的电子课件），还有"拟人化"的虚拟教师（如各种网络教学平台和智能教学系统）；学生也不再局限于学校里的按学科、按专业划分班组的学生，而是包含无界域的、社会性的、广泛的校内外学习者。

3. 信息表征的多元化

多媒体技术的运用使教学信息的表征由简单的文字、语言、图表、实物发展为语音、文字、图形、视频、动画等多元化、一体化的表征形式，这更有利于学习者调动多感官学习，同时也符合不同类型学习者的需求，从而提高学习效率。

4. 教学资源的共享化

互联网在全球的普及使全世界的教育教学信息资源构成了一个巨大的资源库，供广大的学习者在任何可以上网的地方共享使用，如各种网络教育教学站点、各种虚拟软件库、各种电子期刊、各种数字化图书馆等，这就为社会化学习、基于资源的学习奠定了强大的基础。不仅如此，网络还可创造一种前所未有的集体智慧资源，使世界各地的教育家、科学家、思想家、艺术家联结起来，联机思考，将思考结果存于互联网数据库之中，构建成交互式人类共享大脑和思维库，这将超越任何个人的能力和智慧，使人类比以往任何时候都更加聪明。

5. 教学目标的价值化

教学目标的价值取向不再单纯是使学生获取知识、掌握技能，培养适应计划经济的工作型人才，而是以人力开发为目标的素质教育，以创新精神和创新能力为核心，培养以信息素养特别是信息能力、终身学习能力、信息化生存能力为主体的应用型人才。这将使教学对象（也是教学产品）——学习者及其学习更加富有价值。

6. 教学过程的个性化

在现代信息技术的支持下，信息化教学可以真正实现让教师因材施教、让学生自主学习。特别是利用人工智能建构的智能教学系统（或智能导师系统），可以依据学习者的认知特点、个性和学习方式进行教学并提供帮助，实现真正意义上的个别化教学、个性化教学，这就为培养学习者的创造性学习能力创造了良好的条件。

7. 教学策略的灵活化

利用现代信息技术，人们创造了信息化的教学环境和信息化的教学模式，当然也制定了相应的信息化的教学策略。例如，教学的组织形式由以课堂为中心的集体授课形式变为网络环境下的个别化、自主化教学，协作式、探究式学习，基于资源、基于问题的学习等形式；教学程序由线性组织变为非线性的网状组织；教学方法由教师导向变为双向、多向交互；教师由知识的传授者变为学习的指导者、咨询者、帮助者和协作者；教学媒体手段由普通媒体变为现代高科技信息媒体；等等。

8. 教学评价的过程化

与传统的教学评价相比，信息化教学评价不再以考试评定结果、以分数衡量优劣，而是更重视过程评价、自我评价、主观评价、形成性评价、资源评价以及绩效评价，更趋于科学化、人性化，更富有价值。

（二）在技术层面上

1. 教学材料的多媒体化

教学材料不再是以印刷媒体为主的"死的"教材，而是以计算机多媒体、超媒体为主，集结构化、动态化和形象化于一体的"活的"教材，如各种多媒体、超媒体课件，各种教学系统（包括智能教学系统）、教学平台，各种学习认知工具和教育、教学软件等。"活化"的教材更适合人的"活化"的认知和思维。

2. 教学手段的现代化

现代信息技术的运用使信息化教学手段从传统教学的教材＋粉笔＋黑板＋传统媒体，改变为以计算机多媒体技术、网络技术、人工智能技术为核心的现代化手段，使教学效果更好，教学效率更高。

3. 教学系统的智能化

随着人工智能技术的不断发展，各种智能教学系统、智能导师系统、智能教学代理系统等不断应用于教学，使教学更趋于人性化，使人际交互、内容交互更趋于舒畅、自然，使学习更趋于个性化、智能化、自主化。

4. 教学媒体的数字化

以计算机为核心的数字技术的发展，使教学媒体和教学设备全面实现数字化。数字化意味着大容量、高速度、一体化、小型化、智能化和自动化，这不仅为人类数字化学习提供了硬件环境和技术条件，而且创造了更好的软件环境。

5. 信息传输的网络化

以计算机网络为核心的网络技术的迅速发展推动了数字卫星通信网、数字移动通信网和互联网的多网融合的趋势，有利于教育信息的传输和教育资源的共享，更有利于数字化学习和终身学习的实现。

6. 教学环境的虚拟化

信息化教学的最大特点就是教学环境不再受物理时空的限制，如虚拟教室、虚拟实验室、虚拟校园、虚拟学习社区、虚拟图书馆、虚拟阅览室等虚拟场所的使用，使学习超越地域、年龄、文化背景等限制。这不仅为数字化学习创造了环境条件，而且为全民教育、终身教育的实现创造了环境条件。

7. 教学管理的自动化

与传统的人工化教学管理相比，由现代信息技术支持的教学自动化管理系统实现了全方位的教学自动化管理。从网上招生、电子注册、自主选课、建立电子学档、学习过程监控、学习任务分配、学习问题诊断、教学指导、教学活动记录、作业批改、网上测试、教学评价、教学成果或电子作品展示一直到网上毕业、就业信息等，通盘可实现自动化管理，加快了教学信息化发展的步伐。

三、信息化教学的实践领域

信息化教学的根本目的在于借助现代信息技术和信息资源，为学习者创设良好的信息化学习条件，培养学习者利用信息技术自主、高效学习的能力和终身学习的能力，以适应信息社会发展的需要。

信息化教学的实践领域主要包括现代远程教育、学校信息技术教育、教育管理及各种信息技术人才培训三个领域。其中，现代远程教育领域主要体现在国家开放大学、普通高校网络教育学院和面向基础教育的各种网校等；学校信息技术教育领域主要体现在学校的信息化软硬件的建设、信息技术知识的学习和培训、信息技术与课程的整合等；教育管理及各种信息技术人才培训领域主要体现在各种教育系统，特别是学校教育、教学系统的信息化管理和信息技术人才（教师、管理人员、辅助人员等）的培训等。

在这三个领域中，利用计算机多媒体特别是计算机网络实施教学是信息化教学的主流和代表形式。因此，对信息化教学的研究主要是对网络环境下的教与学及其相关问题的研究。

网络——这里主要指计算机网络，包括广域网和局域网，如互联网、城域网、校园网等。网络既是教学信息的载体，又是教学信息的传播媒体；既是教学资源（互联网是世界上最大的资源库、图书馆），又是教学环境（互联网是世界上最大的学校、教室，是超越时空地域、可覆盖全球的集成教学环境）；既是信息化教学赖以进行的、最先进的交互工具，又是教学结果及时获得评价的技术手段；既是现实的，又是虚拟的；既具有物理的、社会的、文化的特征，又具有心理的、认知的特征。

网络教学是目前信息化教学的主要表现形式，它是指利用计算机网络的特性、功能和资源环境进行的教与学的活动，或者说是借助互联网建立有意义的学习环境（如网络学习资源、网络学习社区、网络技术平台等），以促进和支持学习者学习的教学活动。网络教学既是教与学的活动过程，又是学习资源开发、利用、创造和再生的过程；既是学习者自主学习知识的有效途径，又是开发、培养、创造、提高信息素养，提升自我价值，完善自我人格的有效途径，更是终身教育得以实现的有效途径。

四、信息化教学的有效性分析

（一）信息化教学的再解读：本源与内涵

信息化教学已经不是一个新名词，在经历了多年的实践和探索后，人们逐渐对信息化教学有了一定的认识。所谓信息化教学，就是教育者和学习者借助现代教育媒体、教育信息资源和方法进行的双边活动。从这个定义不难看出，信息化教学是以信息技术的应用为主要手段实现教学过程的。然而，仅从这点认识还不能完全理解信息化教学的内涵。从表面上看，信息技术的支撑是信息化教学的显著特征。然而从内涵上理解，信息化教学与传统教学有着本质的区别，信息化带来的不仅是形式上的变化，更是教学内涵的更新，我们应该从更全面的角度和系统的观点来理解信息化教学。

从工具论到系统论的转变是其应用逐渐成熟的标志。因此，对信息化教学的再解读，依然应遵循这个原则。我们应从工具性和人文性两个角度理解信息化教学。首先是信息化教学的工具性，这是信息化教学最初的、最直接的内涵。工具性指教学中应用信息技术给教学带来一些工具、技术上的变化，如教学手段的优化、教学环境的现代化、教学材料的多媒体化等，在这种理解下，信息化教学实践就是应用技术促进教学，在教学的各个环节融入信息化技术的手段。其次是信息化教学的人文性，这是信息化教学经过长期发展后人们不断反思才提出的内涵。人文性指信息化教学要从人的发展角度重新思考教学的本源，以人文观点理解信息技术的作用，理解教师的角色并关注学生的发展。要避免"技术凌驾于人之上"的异化现象，就要从人与技术、人与教学、人与信息化的关系中理解信息化教学。在这种视角下，我们应该更加强调信息化教学的个性化、交互性，以及评价的多元性和价值取向的人文性等。基于这两点认识，我们再探讨信息化教学有效性和如何实现有效的信息化教学才更有意义。

（二）信息化教学有效性：困境中的要求

信息化教学有效性问题是伴随着技术在教学中深入应用而产生的研究课题，目的在于直面当前信息化教学实践所面临的困境，对"如何在教学中使技术应用产生更大的效益和影响""如何看待和理解有效的信息化教学"等问题进行探究。在探讨信息化教学有效性问题之前，我们有必要先对有效教学及教学有效性等概念做出阐释。

有效教学随着基础教育课程改革的推进而逐渐进入人们的视野。有效教学的含义一般有两种不同的解释：一种是从学习的角度出发，有效教学主要是促进学生的学，教学有效性归根结底是促进对学生学的教；另一种从经济学中投入产出分析的角度出发，从教学投入与教学产出的关系界定教学的有效性，也可从效率、效果和效益三个方面界定。

那么对于信息化教学有效性，我们该如何理解呢？近年来，部分研究者对该问题进行了解说。信息化教学有效性是指信息技术支持下的有效教学，并由此建立判定信息化教学的有效性策略，即以教学目标的实现为根本，综合效率与效果两方面的要求，考察信息技术在具体教学情境中的运用；信息化教学有效性是指在教学中恰当地运用各种信息资源或媒体实现有效教学，创设有助于学习的环境，以尽可能少的教学投入达到预期的教学效果，其内涵包括几个要点：以课堂环境为基点，以有效教学为根本，以实用视角为指导，以学习策略为指标；胡晓玲认为，有效的信息化教学是信息技术环境支撑的有效教学，是在信息化教学活动中，创设符合教学要求的信息化情境，从而在效果、效益、效率三个方面均能达到教学目标的要求，并能采取有效的评价方式进行评价的系统过程。从以上几种观点可以看出，研究者对信息化教学有效性的理解都强调了一点——运用信息技术提高教学的有效性或利用技术支持有效的教学，这点毋庸置疑，这是它最显著的特点。然而，笔者认为，如果仅从这点出发来理解信息化教学的有效性，难免太过简单和机械。要真正理解信息化教学有效性内涵，我们应追根溯源，从其本源、追求以及现实困境等方面进行探讨。首先要解决的一个重要问题就是理解信息化教学有效性的价值取向，这是探讨该问题的前提和基础。

（三）信息化教学有效性的价值取向：关注和追求

价值取向是价值哲学的重要范畴，指的是一定主体基于自己的价值观在面对或处理各种矛盾、冲突、关系时所持的基本价值立场、价值态度以及所表现出来的基本价值倾向。简单理解，价值取向就是我们站在什么角度考虑问题，基于什么理念考虑问题。信息化教学有效性的价值取向就是我们在对信息化教学有效性的评判中按照某种价值观念进行价值选择和行为决策时所表现出来的价值倾向。在讨论信息化教学有效性的价值取向问题时，我们要搞清楚两个问题：有效的信息化教学关注什么？有效的信息化教学追求什么？对这两个问题的回答正是对信息化教学有效性内容与目标的回答，也是理解信息化教学有效性的核心所在。

1. 信息化教学有效性关注什么

课堂教学的有效性，不仅是课堂教学问题，还是教学本质问题。那么，信息化教学有效性就不应局限于课堂教学目标是否达成、课堂教学方法是否恰当等课堂问题，而是要更全面地从教育教学的本质上理解。教学本质是一个师生互动的双边关系，信息化教学有效性也应该在双边关系的基础上处理各种教学问题。

在以往的信息化教学讨论中，我们似乎形成了两种相互对立的观点：一种观点认为，有效的信息化教学是合理运用信息化手段支持有效的"教"，这种观点在信息化教学开展之初成为一种主流的观点。在这种观点的引导下，信息化教学就要关注如何促进既定的教学目标的实现，如何实施更为优化的教学策略等，主要运用信息化手段提高教学的效率和效果。也就是说，信息化教学有效性的关注点在于教师的"教"。另一种观点则认为，有效的信息化教学是有效地支持学生的"学"，信息化教学的有效性是从学生的学是否有效来评判的。这种观点显然比第一种观点前进了一步，它关注了教学对象和教学目的。

然而，这两种观点主要围绕教学的效率和学习目的提出了信息化教学有效性的基本思路，这种思路体现了人们强烈的工具理性思想。工具理性是指反映在计算、测量、组织、预测等技术行为中的认识能力，其目的在于追求行动的效率和功利的最大化。这种工具理性思想在早期的信息化教学实践中起到了较为重要的作用，可以说，它是教学中介性以及有效教学的基础。如果教师不经常借助工具理性对教学中介进行质疑和反思，那么教师就不可能实现有效教学。然而，以工具理性为基础的关于课堂教学有效性的理解可能会带来教学伦理性与教学双边性的缺失。

信息化教学有效性关注的维度不应走向工具理性的旋涡，除了直观的、可测量的教学效果和效率外，更要关注师生这一对二元主体的情感以及教学交往。如果我们单方面从教师的"教"和学生的"学"的角度理解信息化教学有效性，便割裂了教学双边二元主体之间的交互特性，难避"机械、肤浅"之嫌。在现实中，我们也能看到这种双极化的实践误区。在从以教师为中心向以学生为中心转变的过程中，很多教师没能把握好度，过分强调学生主体地位，让学生在课堂上任意发挥。而在相关的研究中，为了搞好信息化教学，我们一味地要求教师考虑如何突出学习者的主体性，如何让学习者的学习变得轻松，让学习者取得收获，可能使教师感到迷茫和不知所措，甚至极大地加重教师的教学任务和思想压力。试想一下，对于教师而言，在如此繁重的任务和沉重的压力下，这种教学理念和形式能真正持续有效吗？长此以往，只会造成信息化教学的低效甚至负效，这也是很多教师批判甚至放弃采用信息化教学的主要原因之一。因此，有效的信息化教学应从封闭的主体二元对立关系性教学走向互动对话的交互主体性教学。

交互主体性是指人们在交往过程中都是主体，交往各方有相对的独立性，彼此互相承认、互相尊重。同时，它强调了交互的特征：同样具有主体性的人与人之间总是在某种共同的联系之中彼此相互影响、互相作用。这种彼此之间的相互影响、相互作用以及由此引起的变化或发展又总是在同一个过程中，作为不可分割的整体同时发生。

相较于传统教学，信息化教学的交互性特点和影响更为突出，它既能突出学生在学习中的主体地位，又能提高教师的教学效率。任何单方面的提高都不能称之为有效的信息化教学。在信息化教学中，要达到有效的教学，就必须遵循交互主体性教学规律，关注教学主体的二元性，关注教学的双边互动性以及教学活动的生成性。首先，信息化教学中要做到教学过程中主体地位的平等，教师和学生双方都不可能以单纯的主体身份而把其他主体当作客体对待。因此，信息化教学不能过于偏向以教师为中心的课程教学体系，也不能过于偏向以学生为中心的课程教学体系，教学过程、教学内容以及信息化教学手段和信息化教学模式都必须在充分尊重双方主体身份平等的条件下进行设计和实施，教师和学生作为互动主体都应该在教学活动中实现其自主性和主动性。其次，信息化教学的交互主体性还要求在教学中通过互动和交往实现其有效性，这里涉及交往的一个基本问题——教师和学生对信息化教学的理解和共识是实现有效信息化教学的前提条件，这一点至关重要。在以往的教学实践中，我们经常看到教师煞费苦心地设计了一堂自认为很完美的信息化教学，精心地安排和运用了技术手段，然而在实际教学中却得不到学生的支持，无法与学生达成共识，最终事与愿违，事倍功半。因此,有效的信息化教学应关注教学交往过程中师生共同的体验、相互认识的心理倾向。

2.信息化教学有效性追求什么

从开始至今，信息化教学大致经历了热情追捧—理性思考—批判中发展几个阶段，每个阶段人们的关注点和追求都有不同的变化。由最初追求技术的先进性到现在关注应用的适切性和合理性，人们对信息化教学有效性的理解经历了一段由感性到理性的进化过程。如今，人们对信息化教学有效性的有效追求有了更深刻的理解。

人的发展始终是教育的终极目标，信息化教学有效性的目标应是促进教学中人的发展。从"人的发展"这一视角检视我们的信息化教学有效性，就不仅要看学生掌握了多少内容、积累了多少知识，还要看我们的信息化教学是否对学生以后的学习和发展产生影响，看学生在信息化教学中获得了怎样的实质性发展。这里涉及一个非常重要的方面——学生逻辑思维能力的发展。信息化教学环境为学习者的知识建构和高阶思维培养提供了良好的环境，其目标和价值追求就不能仅仅局限于学生知识的积累，更重要的是在信息化教学中追求人的高阶思维发展，注重学生适应信息化社会的全面能力的培养。信息化教学不仅要有效追求信息呈现的多样化、知识的增长等表面上的效益，更应该追求运用技术创设丰富的学习环境，促进知识的自主建构和高阶思维技能的培养，这才是信息化教学有效追求的深层含义。

有了这些思考，我们在考虑课堂教学有效性的"有效追求"时，就必须弄清楚真实有效和虚假有效。真实有效主要指实现教学的实在价值，虚假有效主要指实现教学的符号价值。这两种价值的区分在很大程度上取决于教学评价思想，也就是如何评定教学价值。教学评价是教学价值取向的风向标，传统的教学评价广为诟病的是其评价的绝对性和静态性，人们常常以是否达到教学目标评判教学的成败，具体的实现方法就是以学生的直观表现和标准化的考试来甄别。而在信息化教学评价中，应摈弃这些缺陷，注重人文性和发展性。有学者认为，信息化教学评价应坚持两个原则，即多元评价原则和评价为了发展原则。多元评价包括评价主体的多元化、评价方法的多样化、评价内容的多维化。发展性评价指我们在评价时以发展的眼光和视角看待教学效果。这两个原则很好地阐释了信息化教学评价的思想和理念，对鉴别信息化教学有效性是很有意义的。在实践中，丰富的信息化教学形式为教学评价带来了多样的评价手段和评价技术，我们需要根据不同的信息化教学形式选择合适的评价方式，同时兼顾过程性评价和总结性评价，不能仅仅以学生的课堂表现以及其表象的兴趣和热情判断教学是否有效，而更应该注重信息化教学对学生未来的发展起到了多大的影响和作用。

人们在谈到教学中人的发展时，会习惯性地认为此"人"就是学生，促进人的发展就是促进学生的发展。当然，这一点毋庸置疑，但从更为全面的角度看，有效的信息化教学应追求教师和学生的共同发展，这才能实现可持续的、生态的发展。前文说，要实现交互主体性教学就要实现教与学双方的主体地位，如果教师的主体地位得不到体现，必将影响学生主体地位的实现。同样，信息化教学中，教师得不到发展，学生的发展也很难真正实现。试想，若教师在信息化教学中只是疲于完成任务，其体验和价值实现得不到满足，则这样的信息化教学很难带给学生持续的、全面的发展。因此，信息化教学有效性追求人的发展具有生态性，追求教学系统内主体之间的相互依赖和共同发展，以及整个教学系统的动态性、自主性，只有把学生的发展和教师的发展放到一个系统中考虑，才能实现个体全面发展。我们在评判信息化教学是否有效时，不仅要看学生获得了怎样的发展，同样还要关注教师在教育教学实践中是否不断地获得发展。当然，这种发展是多方面的，包括教师对信息化教学的认识、态度和情感，也包括教师信息化教学能力的提升，如信息化教学设计能力、信息化教学方法的运用能力等，表现为能轻松自如地处理信息化教学中的各种问题，而不至于为了搞好信息化教学而身心疲惫地完成任务。

（四）信息化教学有效性的实践理念与途径

信息化教学有效性的实现是一个复杂的系统工程，需要多方面的支持和保障。信息化教学有效性的实现条件并不是简单机械地依据某条规律确定出某条原则，而是往往呈现着错综复杂的情况。这就要求我们从其内涵及目标取向出发，全面考虑有效教学的原理和信息化教育的研究成果，综合概括地提出指导实践工作的基本要求。在对上述系统的理论思考及实践反思的基础上，我们认为信息化教学有效性的基本理念与途径应包括以下三点。

1. 生态的信息化教学观

受信息化教学的理论基础、影响因素、现实环境等多方面的影响，信息化教学实践注定是一个复杂的过程。在这种复杂的实践环境中，我们要实现有效的信息化教学，就必须全盘考虑各种限制因子，以全面、联系、平衡的思维来看待信息化教学有效性问题。整体观、联系观与信息化教学实践的复杂性不谋而合，它要求我们不能漠视其中任何一个因子，不能割裂它们之间固有的联系，应该以相互联系、和谐共生的思维和理念开展实践。事实上，作为一个以人的发展为最终目标的教育实践活动，信息化教学的复杂性和多样性是毋庸置疑的。因此，要实现有效的信息化教学，从生态观的视角审视和指导信息化教学的有效性就显得十分重要。生态观的主要观点体现在系统性、动态性、和谐共生等特征上，其观点和方法论对于信息化教学实践具有很强的适切性，要求我们树立全面、协调、可持续发展的思想，促进信息化教学的有效发展、和谐发展。

2. 学教并重的交互主体性教学模式

在信息化教学的研究与实践领域，人们一直在不断探讨新的信息化教学模式，但从现有的成果看，大部分属于以学生为中心的教学模式。这种教学模式较大地发挥了学生主体作用，对改进传统教学起到了非常重要的作用。然而，它将教学活动中交互双方的主体性片面地理解为学习者中心论，割裂了教学双边主体之间的交互特性，容易造成对教学的应有主体（教师）的漠视，这样不利于信息化教学的可持续发展。因此，它显然难以达到真正的有效。因此，我们探讨的有效信息化教学应是在重视教师和学生双方主体地位的基础上实施交互主体性教学模式。交互主体性教学要求我们所开展的信息化教学活动不能是一种单纯的主客二元对立的活动，教师和学生应在主体平等的基础上在信息化教学中产生联系，这种联系是多方面的，包括教学目的、教学内容、教学方式和教学手段等。

3. 动态开放的发展性评价原则

有效教学与有效评价是密不可分的，对信息化教学有效性的探讨离不开对信息化教学评价的思考。前文说，信息化教学有效性追求的目标是人的发展，那么我们评价信息化教学是否有效就要看信息化教学活动是否满足教与学双边主体的发展需要以及信息化教育教学发展的需要。信息化教学是一个动态的、不断变化的活动过程，它较传统教学而言充满了更多的不确定性和生成性。因此，我们在评价中不能因为突出某一方面而以偏概全。

我们在评价过程中要坚持动态开放的评价原则。动态性要求我们不再过分注重结果的评价，而是注重教学过程的评价，注重信息化教学过程中教师与学生双方的满足感以及发展性。开放性要求我们在评估信息化教学有效性时坚持评价内容广泛性、评价方法多元性的原则。信息化教学有效性的评价要面向主体发展，注重教学实践的长远发展需求。在信息化教学评价中，要充分发挥教师和学生双方的主观能动性，重视教学有效性与教师专业发展的双重发展，建立一种发展性教学评价体系。

信息化教学的有效性，绝不是简单的教学目标的实现，也不能简化为在多大程度上提高了教学效果。我们认识和理解信息化教学有效性时应将它置于一个更为系统、更为深入的层面。信息化教学有效性关注的维度是交互主体性的实现，其核心价值诉求是追求教师和学生的共同发展。这些理论上的认识会对信息化教学的有效进行起到一定的指导作用。

第四节　信息化教学的理论依据

一、人的全面发展理论

教育目的既是教育活动的宗旨，也是教育活动开展的依据。在不同的社会历史时期，由于受到历史条件、教育价值观的制约，对把受教育者培养成什么样的人才的要求各不相同。

（一）马克思主义的"人的全面发展"理论

人的全面发展，最根本的是指人的劳动能力的全面发展，即人的智力和体力的充分、统一的发展，同时包括人的才能、志趣和道德品质的多方面发展。人的发展始终是思想先驱们所思考的问题，普罗泰戈拉、圣西门、傅立叶等人均对人的发展进行过探讨。但直到19世纪中叶，马克思与恩格斯在吸收前人理论的基础上提出了人的全面发展理论，标志着人的发展理论的正式确立。

马克思在青少年时期就开始思考有关人的发展问题，他在《青年在选择职业时的考虑》中指出，职业选择的主要指针是人类的幸福和自身的完善，这是马克思关于人的发展的最早的描述。在进一步的思考下，马克思在《1844 年经济学哲学手稿》中初步提出了人的全面发展的思想，指出"人以一种全面的方式，也就是说，作为一个完整的人，占有自己的全面的本质"。而在《关于费尔巴哈的提纲》中，马克思指出实践对全面发展的重要意义，认为"个人的全面发展，只有到了外部世界对个人才能的实际发展所起的推动作用为个人本身所驾驭的时候，才不再是理想、职责等等，这也正是共产主义者所向往的"。这一系列理论初步形成了马克思关于人的全面发展思想。其后，马克思和恩格斯在《哲学的贫困》《共产主义原理》《共产主义信条草案》以及《共产党宣言》中进一步论述和发展了这一思想，最终形成了完整的关于人的全面发展的理论。

（二）人的全面发展是现代教育的共同追求

古希腊哲学家亚里士多德主张"和谐教育"。夸美纽斯在其名著《大教学论》一书中，提出了泛智教育的理想，希望所有的人都受到完善的教育，都得到多方面的发展，成为和谐发展的人。法国启蒙思想家卢梭是自然主义教育思想的代表，他认为教育的目的和本质就是促进人的自然天性，即自由、理性和善良的全面发展。瑞士教育家裴斯泰洛齐倡导教育应以善良意志、理性、自由及人的一切潜在能力的和谐发展为宗旨。

（三）人的全面发展是 21 世纪社会发展的要求

21 世纪，全球正在全方位迈向知识经济时代，这是一个不可抗拒的历史性转变。知识经济本质上是人才经济、头脑经济和智慧经济。

知识经济中，以知识、信息为基础的产业将占越来越大的比重，"生产"过程日益"非物质化""智力化"，人与物质和技术的关系将降至次要地位。这要求人才从具有掌握某种职业的实用技能转向具有适应劳动世界变化的综合能力（包括劳动技能以外的合作精神、创新精神、奉献精神、交流精神等）；要求人才不仅具备智力技能，还需要具备社会技能，包括人际关系处理技能等。

随着科学技术的发展进步，原有的职业会被淘汰，新的职业将陆续产生，一个人多次变动工作或劳动场所将是常事。追求人的全面发展，重在培养素质和能力，这样才能适应 21 世纪社会发展的要求。

二、建构主义学习理论

（一）建构主义学习理论的基本内容

1. 皮亚杰的认知发展理论

建构主义的最早提出者是瑞士认知心理学家皮亚杰，他的建构主义基于他关于个体的认知发展的观点，发展了认识论。从个体认知发展理论和个体发展阶段理论出发，皮亚杰认为个体所获得的成功主要不是由教师传授，而是出自个体本身，是个体主动发现和自发学习的结果。个体在与周围环境相互作用的过程中，逐步建构关于外部世界的知识，从而使自身认知结构（即图式）得到发展。他指出："认识既不能看作是在主体内部结构中预先决定了的——它们起因于有效的和不断的建构；也不能看作是在客体的预先存在着的特性中预先决定了的，因为客体只是通过这些内部结构的中介作用才被认识的。"知识既不是客观的东西，也不是主观的东西，而是个体在与环境交互作用的过程中逐渐建构的结果。

个体认知结构的发展涉及三个基本过程：同化、顺应和平衡。

（1）同化。同化是指把外部环境中的有关信息吸收进来并结合到个体已有的认知结构中，即个体把外界刺激整合到自己的认知结构内的过程。随着个体认知的发展，同化依次经历了三种形式：再现性同化、再认性同化和概括性同化。再现性同化是个体对出现的某一刺激做出相同的重复反应；再认性同化是个体辨别物体之间差异借以做出不同反应的能力；概括性同化是个体知觉物体之间的相似性并把它们归于不同类别的能力。

（2）顺应。顺应是指外部环境发生变化而已有的认知结构无法同化新信息时所引起的个体认知结构发生改变的过程，即个体的认知结构因外部刺激的影响而发生改变的过程。顺应与同化是相伴而行的，没有纯粹的同化，也没有单纯的顺应。同化是认知结构数量的扩充（图式扩充），而顺应则是认知结构性质的变化（图式改变）。因此，认知个体的发展是同化与顺应对立统一过程的产物。

（3）平衡。平衡是指个体通过自我调节机制使认知发展从一个平衡状态向另一个较高平衡状态过渡的过程。认知个体就是通过同化与顺应这两种形式达到与周围环境的平衡：当个体能用现有图式同化新刺激时，他便处于一种平衡的认知状态；当现有图式不能同化新刺激时，平衡即被破坏，而修改或创造新图式（即顺应）的过程就是寻找新平衡的过程。个体的认知结构就是通过同化与顺应过程逐步建构起来，并在"平衡—不平衡—新的平衡"的无限循环中得到不断地丰富、提高和发展的。

2.建构主义学习理论的基本观点

建构主义学习理论是认知主义学习理论的进一步发展，该理论发展了早期认知学习论中已有的关于"建构心理结构"的思想，强调学生在学习过程中主动建构知识的意义，并力图在更接近、更符合实际情况的情境性学习活动中，以个人原有的经验、心理结构和信念为基础来建构和理解新知识。

近年来，建构主义流派纷呈，呈现出百家争鸣的昌盛局面。尽管各种建构主义观点的立足点存在分歧，但它们对学习的观点都有以下几点共识。

（1）学习是学习者主动建构内部心理表征的过程。建构主义认为，根本不存在一成不变的客观事实。学习不是由教师向学生传递知识，而是学生根据外在信息，通过自己的背景知识和经验，自我建构知识的过程。在这个过程中，学习者不是被动的信息吸收者和刺激接受者，他们既要对外部信息进行选择和加工，又要根据新知识与自己原有经验背景知识的关联，主动地建构信息的意义。

（2）学习过程是一个双向建构的过程。建构主义认为，建构一方面是对新信息的意义建构，运用原有的经验超越所提供的信息，另一方面又包含对原有经验的改造和重组。在学习过程中，每个学习者都在以自己原有的经验系统为基础对新的信息进行编码，建构自己的理解。同时，原有知识又因为新经验的进入而发生调整和改变。所以学习并不单单是信息的量的积累，它同时还包含由于新旧经验的冲突而引发的观念转变和结构重组，学习过程也不仅仅是信息的输入、存储和提取，还是新旧经验之间双向的相互作用过程。

（3）学习具有社会性。建构主义认为，知识或意义是以学习者原有的经验背景知识为基础建构起来的，由于每个人所处的社群、积累的经验和具有的文化背景不同，每个人对事物的理解也存在个体差异。知识或意义不仅是个人主动建构的结果，而且需要依靠意义的社会共享和协商进行深层的建构。人的自然属性和社会属性决定了人们不可能孤立地在社会实际生活中完成学习，彼此之间必须进行交流和协作。通过对话、协商、沟通，学习者能接触到那些与自己观点不同的观点，并在多种不同观点的"碰撞"和"融合"中，不断自我反思，完善对知识的意义建构。

（4）学习具有情境性。建构主义认为，学习发生于真实的学习任务中。真实的学习任务不仅有利于激发学习者的学习主动性，还是个体建构知识的源泉。这一方面表现在学习者理解、建构知识受到特定学习情境的影响，个人的认知结构是在与社会交互作用以及与其自身经验背景的相互作用的过程中逐步形成与完善起来的。另一方面表现在知识在各种情境下的应用不是简单套用，而是需要针对具体情境的特殊性对知识进行再创造。

3. 构建主义学习理论的学习观

建构主义学习理论认为，知识不是通过教师传授得到的，而是学习者在一定的情境和社会文化背景下，借助学习过程中其他人（包括教师和学习伙伴）的帮助，利用必要的学习资料，通过意义建构的方式而获得的。由于学习是在一定的情境和社会文化背景下，借助其他人的帮助即通过人际的协作活动而实现的意义建构过程，有人认为"情境""协作""会话""意义建构"是学习环境中的四大要素或四大属性。

（1）情境：学习环境中的情境必须有利于学生对所学内容的意义建构。

（2）协作：协作发生在学习过程的始终，对学习资料的搜集与分析、假设的提出与验证、学习成果的评价乃至意义的最终建构均有重要作用。

（3）会话：会话是协作过程中不可缺少的环节，学习小组成员之间必须通过会话商讨如何完成规定的学习任务。此外，协作学习过程也是会话过程，在此过程中，每个学习者的思维成果（智慧）为整个学习群体所共享。因此，会话是达到意义建构的重要手段之一。

（4）意义建构：这是整个学习过程的最终目标。所要建构的意义包括事物的性质、规律以及事物之间的内在联系。在学习的过程中帮助学生建构意义就是要帮助学生对当前学习内容所反映的事物的性质、规律以及该事物与其他事物之间的内在联系达到较深刻的理解。

4. 建构主义学习理论的知识观

（1）知识不是对现实的纯粹客观的反映，任何一种传载知识的符号系统也不是绝对真实的表征，它只不过是人们对客观世界的一种解释、假设或假说，并不是问题的最终答案，但它必将随着人们认识程度的深入而不断被变革、升华和改写，促进新的解释和假设出现。

（2）知识并不能绝对准确无误地概括世界的法则，提供对任何活动或问题解决都适用的方法。在具体的问题解决中，知识是不可能一用就准、一用就灵的，而是需要针对具体问题的情境对原有知识进行再加工和再创造。

（3）知识不可能以实体的形式存在于个体之外，尽管通过语言赋予了知识一定的外在形式，并且获得了较为普遍的认同，但这并不意味着学习者会对这种知识有同样的理解。真正的理解只能由学习者基于自己的经验背景进行建构，而这取决于特定情况下的学习活动过程。否则，就不能叫作理解，而应叫作死记硬背或囫囵吞枣，是被动的复制式的学习。

5.建构主义学习理论的学生观

（1）建构主义强调，学习者并不是空着脑袋进入学习情境中的。在日常生活和以往各种形式的学习中，学习者已经形成了有关的知识经验，他们对任何事情都有自己的看法。即使有些问题他们从来没有接触过，没有现成的经验可以借鉴，但是当问题呈现在面前时，他们还是会基于以往的经验，依靠他们的认知能力，形成对问题的理解，提出他们的假设。

（2）教学不能无视学习者的已有知识经验，简单地从外部对学习者实施知识灌输，而应把学习者原有的知识经验作为新知识的生长点，引导学习者从原有的知识经验中总结新的知识经验。教学不仅仅是知识的传递，而且是知识的处理和转换。除了呈现知识，教师更应重视学生自己对各种现象的理解，倾听他们时下的看法，思考他们这些想法的由来。

（3）教师与学生、学生与学生之间需要共同针对某些问题进行探索，并在探索的过程中相互交流和质疑，了解彼此的想法。由于经验背景不可避免的差异性，学生对问题的看法和理解经常是千差万别的。其实，在学生共同体中，这些差异本身就是一种宝贵的现象和资源。建构主义虽然非常重视个体的自我发展，但是也不否认外部引导以及教师的影响作用。

（二）建构主义学习理论对信息化教学模式的指导意义

建构主义学习理论认为，学习是学习者通过一定的情境（即社会文化背景），借助其他人（教师或学习伙伴）的帮助，利用必要的学习资源，通过协作会话的方式，主动建构知识意义的过程。在这个过程中，学习者是学习活动的主体，教师是学习者学习的帮助者、促进者和引导者。在教学设计中，建构主义学习理论的指导作用主要体现在以下几个方面。

1.情境创设

建构主义学习理论强调为学习者的学习提供真实的情境，一方面能激发学习者的学习动机，使学习者产生学习需求，驱动学习者主动学习、积极探究；另一方面能增强知识运用的情境性，有助于学习者完成知识的意义建构，实现知识的有效迁移。在教学设计程序的开发中，可以利用多媒体图、文、声、像并茂的优势，根据学习内容，将各种媒体资源有机整合，创设多媒体的直观情境，以激发学生的学习兴趣。我们可以利用学生的好奇心和问题导向功能，巧妙地设置能够引人注意和启发思考的问题，调动学生探究发现的积极性，引导他们主动寻求解决问题的方法。同时还可以利用虚拟现实仿真技术，创设接近真实的在线实验情境，让学生在虚拟的实验情境中，完成实验操作和数据分析，培养学生科学研究的态度和能力。

2. 学生作为认知主体的体现

建构主义学习理论认为，学生不是知识的被动接受者，不是被灌输的对象，而是信息加工的主体，在学习过程中发挥着认知主体的作用。在教学设计程序的开发中，不能仅仅注重知识内容的呈现，更应强调学生在学习过程中认知主体的作用。教学程序既要为学生开辟自主学习的空间，又要为学习者之间的协作交流创造条件。

（1）自主学习的设计。在教学程序中，根据学习内容的特点，设计多种自主学习策略，提供各种符合学科特点的认知工具，引导学生自主完成知识的意义建构；设计层次分明、难度适宜的测试题，供学生在学习的过程中进行自我评价，并根据学生的作答情况及时给出适应性的反馈和建议。

（2）协作学习的设计。协作学习不仅能提高学生创新思维和发散思维能力，而且有利于培养学生人际交往的能力和团队精神。适当的协作学习任务（问题）和便利的通信工具是实现在线协作的前提。在教学程序的开发中，根据学习内容设置学生感兴趣的问题，激发学生的协作动机，促使学生积极参与讨论；提供各种协作工具（电子公告板、聊天室、电子邮件和协作学习平台等），便于学生以问题讨论的形式进行在线交流和协商。

3. 教师作为主导作用的体现

建构主义学习理论强调在教学过程中教师主导作用的发挥，教师不再是知识的传授者和灌输者，而是学生进行意义建构的帮助者和促进者。在教学程序的开发中，我们可以通过以下三种途径实现教师的主导作用。

（1）设计教学策略帮助学生实现知识的意义建构。一门课程要引起学生的兴趣，促使学生积极投入，除了课程内容本身丰富精彩的因素外，更重要的是教师要灵活而巧妙地设置各种不同的激励策略和教学策略，从多种角度激发学生的学习动机，为学生提供个性化的学习指导，从而更好地发挥学生主人翁的精神，自主完成知识的意义建构。在教学程序中，教师可以在每个章节内容的学习前，针对本章节的具体学习内容，设计情感激励、问题诱导、任务驱动等动机激发策略，提供可行的学习建议和指导，帮助学生进行学习导读；教师还可以针对每个章节内容的重点和难点，设计"支架式策略""抛锚式策略""随机进入式策略"等自主学习策略，提供大量多媒体资源和其他网络资源，引导学生更好地理解和掌握学习内容。

（2）引导和监控学习过程。为了保证学习顺利进行，教师的适时引导是必不可少的。在教学中，学生的自主学习和协作学习都离不开教师的引导。教师可以借助人工智能技术、设计专家系统或者伙伴助手，实现对学生在线的个性化学习指导，还可以开辟教师的答疑空间。学生在完成单元内容或课程内容的学习后，如果有困惑或者有难以解决的问题，可以通过电子邮件的形式发送请求，实现异步交流，还可以通过论坛的形式在线咨询，实现同步交互。

（3）设计学习评价。在教学中，教师根据课程教学目标的要求，设计大量不同类型和层次的测试题，学生可以在线进行自我测试，并依据反馈信息检验自己的学习是否达到学习目标的要求；教师还可以设置综合性强且与课程内容相关的实际问题或任务，让学生通过设计问题解决方案、创作作品、设计实验操作等实践活动检验自己综合运用知识的能力。

三、多元智能理论

（一）多元智能理论的产生

20世纪初，法国心理学家比奈创造了智力测验，用来测量人的智力的高低。1916年，德国心理学家施太伦提出了"智商"这一概念：智商即智力商数，它是用数值表示智力水平的重要概念。1935年，亚历山大首次提出"非智力因素"这个概念。所谓"非智力因素"，是指记忆力、注意力、观察力、想象力、思维力等智力因素之外的一切心理因素，主要包括动机、兴趣、情感、意志和性格等，这些非智力因素都是直接影响和制约智力因素发展的意向性因素。但是，这一理论提出后，并未受到人们的关注。

1967年，美国在哈佛大学教育研究生院创立了"零点项目"，由美国著名哲学家戈尔曼主持。"零点项目"的主要任务是研究在学校中加强艺术教育，开发人脑的形象思维问题。从那时起的20年间，美国对该项目的投入达上亿美元，参与研究的科学家、教育家超过百人，他们先后在100多所学校做实验，对一些人从幼儿园开始进行连续20多年的跟踪对比研究，出版了几十本专著，发表了上千篇论文。其中多元智能理论就是这个项目在20世纪80年代的一个重要成果。

哈佛大学霍华德·加德纳教授在参与此项研究的过程中首先考察了大量的、迄今没有相对联系的资料，包括关于神童的研究、关于脑损伤病人的研究、关于有特殊技能而心智不全者的研究、关于正常儿童的研究、关于正常成人的研究、关于不同领域的专家以及各种不同文化中个体的研究。通过对这些研究的分析整理，他提出了自己关于智力的独特理论观点。基于多年来对人类潜能的大量实验研究，加德纳在1983年出版的《智力的结构》一书中，首次提出并着重论述了他的多元智能理论的基本结构，并认为支撑多元智能理论的是个体身上相对独立存在着的、与特定的认知领域或知识范畴相联系的八种智力。这些为多元智能理论奠定了理论基础。

（二）多元智能理论对教育改革的意义

1. 多元智能理论有助于形成正确的智力观

真正有效的教育必须认识到智力的广泛性和多样性，并使培养和发展学生各方面的能力占有同等重要的地位。

2. 多元智能理论有助于转变教学观

多元智能理论认为，每个人都不同程度地拥有相对独立的八种智力，而且每种智力各有其独特的认知发展过程和符号系统。因此，教学方法和手段就应该根据教学对象和教学内容的不同而灵活多样，因材施教。

3. 多元智能理论有助于形成正确的评价观

传统的智力测验是片面的、有局限的。多元智能理论认为，人的智力不是单一的能力，而是由多种能力构成的。因此，学校的评价指标、评价方式也应多元化，学校教育应从智力测试中解放出来，注重对不同人的不同智能的培养。

4. 多元智能理论有助于转变学生观

根据多元智能理论，每个人都有其独特的智力结构和学习方法，所以对每个学生都采用同样的教材和教法也是不合适的。多元智能理论为教师提供了一个积极乐观的学生观，即每个学生都有闪光点和可取之处，教师应从多方面了解学生的特长，并采取适合其特点的有效方法，使其特长得到充分的发挥。

5. 多元智能理论有助于形成正确的发展观

按照加德纳的观点，学校教育的宗旨应该是开发多种智能并帮助学生发现适合其智能特点的职业和业余爱好。多元智能理论认为，应该让学生在接受学校教育的同时，发现自己至少有一个方面的长处，从而热切地追求自身内在的兴趣。

四、素质教育理论

素质教育是指一种以提高受教育者诸方面素质为目标的教育理念，相对于应试教育而言，它更突出人的思想道德素质、能力培养、个性发展、身体健康和心理健康教育。

（一）素质教育

1. 素质教育的定义

目前，由于对素质教育内涵的研究角度不同，教育界给"素质教育"下的定义也不尽相同。有人依据"强调点"归纳"素质教育"；有人强调以人的发展为出发点；有人同时强调人的发展和社会发展；有人强调公民素质；有人强调先天与后天相结合；

有人把各种素质平列；有人试图划分素质层次；还有人强调通过科学途径充分发挥天赋。综观这些定义，虽然表述不一，但有着共同特点。

第一，素质教育是以全面提高全体学生的基本素质为根本目的的教育。

第二，素质教育要依据社会发展和人的发展的实际需要。

第三，在某种意义上，素质使人联想到潜能。这些定义不仅主张充分开发智慧潜能，而且主张个性的全面发展，重视心理素质的培养。

依据以上分析，笔者认为可以将素质教育定义为：素质教育是依据人的发展和社会发展的实际需要，以全面提高全体学生的基本素质为根本目的，以尊重学生个性，注重开发人的身心潜能，注重形成人的健全个性为根本特征的教育。

2. 素质教育的本质

素质教育从本质来说，就是以提高国民素质为目标的教育。这是在教育目的层次上从教育哲学的角度对素质教育概念的一种规定，这一规定把素质教育与其他各种不是以提高国民素质为目标的教育区分开来。

（二）实施素质教育的意义

1. 实施素质教育是我国社会主义现代化建设的需要和迎接国际竞争的迫切需要

进入21世纪以来，我国的经济体制从计划经济体制转变为社会主义市场经济体制，经济增长方式从粗放型转变为集约型。我们正在实施科教兴国战略和可持续发展战略，以确保在21世纪激烈的国际竞争中处于战略主动地位。在实现现代化这一宏伟实践当中，在完成新的社会转型的过程当中，我们面临着资金、技术和物质资源不足等问题，而最大的问题是缺乏高素质人才。在我国这样一个人口众多的发展中国家，大力加强人力资源能力建设是实施人才强国战略的关键。

2. 实施素质教育是迎接21世纪科技挑战的需要

当代科学技术发展的特点是发展速度加快，新领域的新突破增多，学科高度分化而又高度综合，科学技术转化为生产力的周期大大缩短，知识信息传播超越时空。当代科学技术的飞速发展也带来了产业结构的不断调整和职业的广泛流动性。所有这些都对未来人素质的培养和教育提出了新要求。为了更好地迎接21世纪科学技术和知识经济的挑战，每一个人都必须终身学习，不断调整、提高和发展自己。在终身教育观、大教育观的指导下，基础教育阶段具有特殊的意义，每一个人在基础教育阶段都要打好基础，培养好基本素质，学会学习，学会自主地发展自己。

3. 实施素质教育既是社会的要求，又是教育领域自身的要求

我国正在实施九年制义务教育。所谓义务教育，指的是依据法律，国家、社会、

家庭必须予以保证，适龄儿童必须接受的一定年限的教育。义务教育的本质要求是使每一个人都得到应有的发展。而素质教育面向全体则反映了义务教育的这一本质要求。

终身教育是我们打开 21 世纪大门的一把钥匙。终身教育概念起初被应用于成人教育，后来逐步被应用于职业教育，现在则包括整个教育过程和个性发展的各个方面。应试教育的倾向不能适应时代的需要，实施素质教育也正是在克服应试教育倾向中逐步明确、提出的基础教育改革课题。素质教育是我们时代和社会的需要，是我们基础教育改革的时代主题，也是我们克服应试教育倾向的总对策。

第二章 信息化背景下的大学英语教学模式

第一节 现代信息技术下的大学英语教学模式的理论框架

现代信息技术下的新型大学英语教学模式理论框架整合了多模态、多媒体、多环境理论、计算机技术与英语课程生态化整合理念以及建构主义等教学理念，以环境的创设和教学结构的改变为主要特征，以多模态体验和模态转化学习为实际操作的着力点。与以往单纯以建构主义理论和计算机辅助语言学习理论为基础的理论框架相比，该模式的框架更加系统、细致，对实际教学模式的设计更具指导意义。自 2003 年大学英语教学改革启动伊始，学界对于大学英语教学模式改革的探索便全面展开。2012年 9 月 26 日至 28 日，教育部高等学校大学英语青年骨干教师高级研修班第三期以"构建多模态、多媒体、多环境的集成型大学英语教学模式"为主题，于北京交通大学隆重举办，标志着这种探索进入一个新高潮。研修期间，中国社会科学院顾曰国教授、上海外国语大学陈坚林教授、北京交通大学司显柱教授分别做了题为"多模态、多媒体、多环境下大学英语学与教理论与实践""信息技术与英语课程的生态化整合"以及"建构主义与大学英语教学模式创新"的专题报告，提出或引导多模态、多媒体、多环境理论以及计算机技术与英语课程生态化整合等教学理念。

笔者认为，三位教授独创或倡导的理论和理念可以整合为一个统一的理论框架，共同支撑新型大学英语教学模式。与以往研究中仅以建构主义和计算机辅助语言教学理论构成的理论框架相比，通过这三种理论成分共同构成的理论框架更为系统、细致。因此，以其为基础建立的教学模式更具可操作性和可证伪性。下面将对组成该理论框架的三个理论成分进行简单介绍，并对整合而成的新型大学英语教学模式理论框架进行阐释，尤其对其优势进行论证，对实践中可能出现的问题进行讨论，并再次指出该理论框架的意义和重要性。

一、新型高校英语教学模式理论框架的成分

（一）多模态、多媒体、多环境理论

顾曰国教授在主旨报告《多模态、多媒体、多环境下大学英语学与教理论与实践》和以往的研究中，对"多模态""多媒体""多环境"三个基本概念进行了界定，并对多模态、多媒体和多环境下的学习行为进行了剖析。

1. 多模态

模态是人类通过感官跟外部环境之间的互动方式。这里的感官不但包括广为人知的视觉、听觉、嗅觉、触觉、味觉，还包括医学上新发现的平衡感、距离感等。多模态指用三种或三种以上感官进行互动。在互动过程中，人类可以将来自多模态的信息打包捆绑成整体的体验。模态越多，人类所获得的信息和体验就越充盈。

2. 多媒体

要理解多媒体这一概念，首先要区分物理媒介和逻辑媒介。物理媒介指装载内容或信息的物理介质，如纸张、磁带、光盘等。逻辑媒介是指在物理媒介上装载内容或信息的编码手段，如文字、模拟音频流、数字音频流、图像及视频流等。界定某内容是否为多媒体材料，是以逻辑媒介为划分标准的。使用三种或三种以上逻辑媒介的内容，就是多媒体内容。在这个定义下，文字材料印在纸介上是单媒体材料，声音录制在磁带上也是单媒体材料。但如果一张光盘上有文字、图片、音频流、视频流，那么即使装载内容的物理媒介只有光盘一种，这里的内容也属于多媒体内容。显然，与单媒体材料相比，多媒体材料更有可能触发多模态的体验。这也是多模态学习和多媒体学习经常交织在一起的原因。

3. 多环境

学习环境可分成不同的类型。例如，对在校学生而言，有教室、图书馆、自习室等物理环境；有包括课程设置、课程设计理念、教师教学模式等在内的学术环境；有由学生处、教务处等构成的管理环境；还有通过计算机广域网构成的虚拟教学环境等。环境向学生同时提供机遇和框定。例如，图书馆向学生提供博览群书的机会，同时也框定学生在馆内的行为以及博览群书的极限。再如，教师的知识面等构成对学生的框定，而针对学习任务采取行之有效的教学手段又可为学生提供机遇。学习可以说无处不在，发生在多种混合环境中。故各环境因素都会提供框定和机遇，从而左右学习效果。因此，大学英语教师在教学设计中应尽量为学生创造可以获得充盈体验、进行模态转化学习的环境，并全面考虑多种环境因素，特别是多种环境下的学习集成型模式。

（二）信息技术与英语课程的生态化整合理念

近年来，英语教学研究对于信息技术非常重视，整个英语教学研究范式已由"理论、方法到课程或教材"转变成"从理论、方法、技术到课程或教材"。在这种情况下，厘清计算机等现代教育技术与英语教学的关系问题尤为重要。

关于二者的关系，目前广为接受的看法是将计算机视为辅助语言学习的工具，但是这种观念存在很大不足。计算机作为辅助工具应用于教学，具有以下四个特点，分别是：①计算机仅充当辅助教师的演示工具；②教学内容基本与课本一致；③学生仍被视为被动接收知识的对象；④未改变以教师为中心的教学结构。这四个特点限制了计算机本可以发挥的作用。上述问题的根源在于将计算机定位为辅助工具，而不是英语学习的有机组成部分。因此，要充分利用计算机等现代教育技术，就必须将其视为与书本一样的语言教学必备元素。

（三）基于建构主义的教学理念

根据以往研究，基于建构主义的教学理念与基于客观主义哲学观的传统教学理念相对立，二者在知识观、学习观、教学观、评价观、教师和学生角色、目标倾向、价值取向、信息技术应用、教学设计等方面截然不同。

传统教学理念以客观主义哲学为基础，认为知识是客观、稳定、非情景化、抽象的存在，是对客观世界的表征。因此，知识外在于学习者，可以传递，而教与学就是知识传递的过程。这种教学理念重知轻行，片面强调系统掌握各学科的理论知识，因此教出来的学生缺乏必要的专业实践能力或动手操作能力，只能获得低阶的、没有深入理解的，也无法运用的知识。因此，传统教学模式普遍采用的注入式或灌输式的授课方式，教学组织形式和方法不够灵活，学生的学习方式是机械地接受知识，学校的培养方式也是统一的培养模式，没有根据学生的不同来制订个性化的教学设计和教学模式。

建构主义教学理念的哲学基础是由维柯、杜威、维果茨基、皮亚杰等哲学家发展而来的建构主义。建构主义认为，与其说知识是名词，不如说它是动词。知识是一个不断认知、体验和构建的过程；知识不是对于外部世界的表征，而是由个人创造出来，用来理解亲身经历、构造意义的。学习的过程就是知识构建的过程，是在一定情况下，针对无法满足需求的知识进行质疑、探求、构建和协商的过程。教学就是创设有助于意义建构的学习环境，创设有助于交流协商的学习共同体。与传统理念的重知轻行不同，建构主义教学理论提倡知行合一，其目标是令学生获得高阶知识，促进学生实践能力的发展。在建构主义教学模式下，师生是双主体和互动对话的关系。建构主义教学理念倾向的技术应用观是"用技术学习"，主张把信息技术作为学习工具，它克服单一的以讲授为主的班级形式，超越传统的"讲中学""做中学"，走向"例中学""做中学""探中学"和"评中学"，最大限度地丰富学习资源、时空、方式和体验，以提高教学效果。

二、新型高校英语教学模式理论框架的核心要素与关系

综观上面三种教学理念可以发现，它们共同强调两个核心要素，即学习环境的创设和教学结构的转变。二者互相依托、互相补充。这是三个理论成分得以整合成为一个理论框架的基础。

（一）学习环境的创设

多模态、多媒体、多环境理论强调创设更能让学生获得多模态充盈体验以及进行模态转化学习的环境；信息技术与英语课程生态化整合理念强调创设生动的数字化学习环境；建构主义的教学理念强调创设有助于交流协商、意义建构的环境。这三种环境实际上彼此相容，甚至通过彼此来实现。首先，如顾曰国教授所指出的，在当今教学实践中，多模态学习经常依靠多媒体学习来实现，而数字化环境是多媒体学习的必要条件之一。其次，与计算学理论构成的理论框架相比，该研究提出的理论框架的最大优势在于其更为系统、细致，因此以其作为基础建立的教学模式更具可操作性，在教学设计中更容易实现。

但是在以此理论框架为指导建立具体的教学模式过程中，容易出现一些问题。首先是在教学模式设计中，教师、学生、计算机之间的互动往往不够。某些网络教学内容仅是课本的翻版，并不是让每个学生都能真正成为参与者和贡献者。此外，部分学校的技术环境仍有欠缺，这也是教师、学生和计算机之间充分互动的一大障碍。另外，在这样的教学模式下，计算机和网络成为书本一样的教学必需品，如何保障硬软件条件、维持系统良性运转也是必须考虑的问题。其次是教师的角色问题。计算机技术的广泛应用不代表教师作用的淡化。事实上，在该研究提出的理论框架中，教师仍是学习共同体中的重要一员，而不仅仅是计算机开启者和网络维护者。过分地依赖机器，教学就流于一种技术的展示。当然，这些问题在单纯以建构主义理论或以计算机辅助语言学习理论为基础建立的理论框架下同样容易出现。如何在教学模式设计实践中真正践行某种理论框架，是所有大学英语教学单位需要投入大量精力和财力才能解决的问题。以信息技术为基础，对大量音频、视频资源进行有效地收集、处理、整合、存储、传输和应用的数字化环境，几乎可以自然而然地触发多模态学习，即数字化环境在某种程度上成为多模态学习的充分条件。另外，鉴于在建构主义视域下，知识作为个人

经验的合理化以及个体与他人经过协商后达成一致的社会建构，主要通过互动来搭建，借助计算机和网络技术使教师与学生、学生与学生之间的联系显著加强的数字化学习环境正是有助于交流协商、有助于意义建构的环境。

（二）教学结构的转变

在传统教学理念和模式中，教师是主动的传授者，学生是被动的接受者。而在建构主义教学理念下，学生与教师同样具有主体地位；在计算机与英语课程生态化整合理念中，学生是主体，教师是主导；在多模态、多媒体、多环境理论中，教师的主要作用在于创设环境以帮助学生获得充盈体验并进行多模态学习，实际上也暗示了以学生为主体、教师为引导者的观念。三种理念的共同点是均赋予了学生毋庸置疑的主体地位。另外，生态化整合理念和多模态、多媒体、多环境理论，都将以计算机和网络为主体的信息技术视为除了教师和学生之外的教学结构组成要素。

（三）这三种理念本身具有相互依托、相互补充的关系

建构主义的知识观和学习观是多模态、多媒体、多环境理论和生态化整合理念的哲学基础。反过来，多模态、多媒体、多环境理论和生态化整合理念是在现代教育技术飞速发展的氛围下对建构主义教学理念的一种细化。另外，生态化整合理念和多模态、多媒体、多环境具有同样的基础和细化关系。生态化整合理念提升了计算机技术在英语课程中的作用，从而扩大了多模态、多媒体、多环境学习在英语学习中的比例；而多模态、多媒体、多环境学习理论，特别是模态转化学习假说，则给出了在数字化环境下教与学的一个可能的方向。

在此基础上，可以勾勒出现代信息技术下的新型大学英语教学模式。此新型教学模式的最大特点在于环境的创设和教学结构的改变。这里的环境指的是可以触发模态转换学习的数字化环境，也是有利于意义构建的环境。教学结构的改变则体现在新型学习共同体的建立上。在该新型共同体中，教师、学生和计算机具有同样重要的地位，且任意两者之间都可以进行互动。学生在互动中能够获得充盈体验，进行模态转换学习。

第二节　信息化背景下的大学英语教学模式的构建路径

在科学技术高速发展的今天，由于信息技术尤其是计算机三大关键技术（人工智能技术、数字化技术、信息和网络技术）的发展，可以说在英语教学中计算机有了主

导教学的可能和条件。换言之，网络媒体支持由"情境""协作""会话""意义建构"所形成的学习环境，使学习者知识的获得并非完全通过教师传授，而是学习者在一定的情境即社会文化背景下，从不同层面、角度出发，借助原有的经验和认知结构，主动接受和选择加工外来信息，并借助其他人（包括教师、学习同伴、网络交流者等）的帮助，利用所能获得的学习资源（包括文字材料、影音资料、视听媒体、多媒体课件、计算机教学软件、网络上人与人的交流）以及从互联网上文献检索获取的信息，通过与教师、学习同伴等的交流、协作，最终以意义建构的方式来获得。由此，建构主义理论的核心是以学生为中心，强调学生对知识的主动探索、主动发现和对所学知识意义的主动建构。情境、协作、会话和意义建构是建构主义学习环境的四大要素。情境是学习者进行学习活动的社会文化背景，学习者在真实的情境下，借助社会性的交互作用和利用获得的学习资源，可以积极、有效地建构知识。协作是学习者在学习过程中，以已有的经验为基础，在特定的情境下，以特殊的方式建构，并强调学习者与教师、学习同伴、网络交流者等的相互作用。会话是协作过程中通过人与人、人机交互，使每个参与者的思维成果（智慧）为整个学习群体共享，从而实现意义建构。意义建构是整个学习过程的最终目标，所要建构的意义在于事物的性质、规律以及事物之间的内在联系。建构主义学习理论的基本特征是"学习的自主性、情境性和社会性"。

一、建构主义指导下的信息化教学模式的设计原则

基于对建构主义学习理论内涵的认识，建构主义指导下的信息化教学模式设计思路可概括为：在整个教与学过程中，强调以学习者为中心，利用情境、协作、会话和资源等学习环境要素，通过对学习者的知识、认知特征和背景的分析，设计适应学习者的学习资源、学习策略和认知工具，并通过教师和学习伙伴的帮助，充分激发学习者的主动性、责任感和创新精神，有效地实现对当前所学知识的意义建构。在这种模式下，学习者是知识意义的主动建构者；教师是教学过程的组织者、指导者，意义建构的帮助者、促进者；教材等教学资源是学习者主动建构意义的对象；视听媒体是用来创设情境进行协作学习和会话交流，即作为学生主动学习、协作探索的认知工具。因此，构建信息化教学模式时可遵循以下设计原则。

（一）学习自主性原则

学习是学习者建构自己知识结构的过程，这就意味着学习者不是被动地接受来自外界的刺激，也不是把知识机械地从外界搬到记忆中，而是在原有经验的基础上，主动地对外部信息进行选择与加工，通过新旧知识经验之间反复、双向的互动过程来获

取、建构新知识的过程。也就是说，无论是语言知识还是语言技能，都要靠学生自己主动去学、去练，这样才能有长进，教师的作用只能是主导而不能包办代替。因此，学习者要通过进行学习策略训练来培养自身的自主学习能力，在教师、学习同伴等的帮助下实现知识意义的主动建构。

（二）真实情境创设原则

建构主义认为，学习是一个积极主动的、与情境联系紧密的自主操作活动。在这个过程中，知识、内容、能力等不能被训练或吸收，而只能被建构。由此，情境学习的建构总是以学习者已有的知识结构为基础，有选择地感知外在信息，根据具体实例的变异性建构当前事物的意义，即情境学习借助获得的学习资源，把所学的知识与一定的真实人物和情境相挂钩，倡导合作学习，解决实际问题。情境教学具有以下特点：首先，学习的任务情境应与现实情境相类似，以解决学习者在现实生活中遇到的问题为目标；其次，教学过程应与现实中问题解决过程类似；最后，科学的科目教学应创设有丰富资源的学习情境，其中应包含许多不同情境的实例和有关信息，以便学习者根据自己的兴趣、爱好去主动发现、主动探索，从而提高学习者的认知灵活性，形成对知识的多角度理解，把知识学习与具体情境联系起来。通过多次进入重新安排的情境，使学习者形成背景性经验，从而掌握知识的复杂性及相关性，并在情境中形成知识意义的多方面建构。

（三）学习的社会性原则

建构主义认为，学习者与周围环境的相互作用对于知识意义的建构起着关键性的作用。知识不是抽象的，而是与学习的情境、学习者带入这一情境的经验及周围环境有密切关系。知识的复杂性使学习者不可能对知识有全面的理解；同时，由于情境中问题的复杂性，学习者也不可能完全独立解决。学习者主动从不同背景和角度出发，在教师或他人的协助下，通过独特的信息加工活动（争辩、讨论和提供证据）实现知识意义的重新建构，从而使面对面的或通过多媒体网络进行的协作学习成为必然。学习者与周围环境的交互作用，促使学习者对知识的理解更加丰富和全面（即对知识意义的建构），认知水平也随之得到提升。因此，体现学习社会性的协作学习是整个学习群体共同完成对所学知识进行社会性建构。

二、信息技术为建构主义理论提供技术支持

信息技术的发展和应用为建构主义学习理论提供了技术层面上的有力支持，促进了教学观念的根本性变革。自主学习理念的应用有效地克服了传统教学中的种种弊端，提高了学习者的认知、分析问题和解决问题的能力，使大学生的素质教育和创新教育落到实处，为建构主义学习理论的应用奠定了基础。

（一）超媒体与自主学习

认知心理学的研究表明，人类思维具有联想特征，经常从一个概念或主题转移到另一个相关概念或主题。超媒体是按人脑联想思维方式非线性组织管理的一种先进技术，它按照人脑联想的思维方式，将文、图、声、像等不同媒体信息整合，将讲解、演示、测验等不同教学内容整合，将预备知识、当前知识与扩展知识整合，构成了一个丰富而生动的超媒体学习环境。这和人类思维的联想特征相吻合，从而实现对教学信息最有效的组织与管理，使学习者自由联想能力得到发挥，促进创造能力的培养。同时，教学信息的非线性使学习者可以根据自己的实际情况通过联想，自由选择不同的路径，进入不同的链接，从一个主题跳转到另一个主题，从一个链接点跳转到另一个链接点，灵活地浏览各节点的内容（包括文本、声音、图形、图像、动画等），为自主学习奠定了基础。多媒体技术的交互功能提供了图、文、声并茂的多重感官综合刺激，使学习者可以依据自己原有的认知结构、认知水平和兴趣，自由选择、自主控制学习内容及其呈现方式。

（二）虚拟现实技术与情境学习

虚拟现实是计算机与用户之间的一种更为理想化的人机界面，人可与计算机生成的虚拟现实环境进行交互，与传统计算机相比，虚拟现实系统具有三个重要特征：临境性、交互性、想象性。在现代教育技术环境中，虚拟现实技术运用图形、声音和图像再造，创设出逼真的课堂教学情境，使学生置身其中，以求获得最佳的教学效果。人与计算机生成的虚拟现实环境的交互，在虚拟现实技术构建的交互性课堂中，教师和学生可以是真实的，也可以是虚拟的，学习者可以是一个或多个，教学模式可以多样化以及教学方法的可选择性使教学进度可由多方控制。在教学过程中，学习者和教师同是教学的设计者和控制者，这种教学方式克服了传统班级授课限制学生主动性和独立性的缺点，确保了师生双方的作用得到充分发挥。虚拟现实技术创造和展示各种趋于现实的学习情境，把抽象的学习与现实生活融合在一起，有效地激发了学生的思维，使学生以丰富的想象力实现知识意义上的建构。

（三）多媒体通信网络技术与协作学习

计算机通信网络与多媒体技术融合而成的多媒体计算机通信网络是计算机网络和多媒体技术发展的必然趋势，它兼收并蓄计算机的交互性、多媒体的复合性、通信的分布性及电视的真实性等优点。在网络学习环境中，学习者既可实现信息资源共享，也可利用网络介质进行信息交流，打破了地域和时间上的限制，学习者自主地选择学习内容、学习方法、学习时间、学习地点、学习条件，改变了被动的、被支配的、受监控的地位。网络资源共享使学习者获取学习信息的资源十分丰富，帮助了不同层面的学习者获取平等受教育和平等竞争的权利，为面向民众的全面素质教育的实施和语言文化交流的国际化奠定了基础。网络教学中的协作学习、小组讨论、在线交流等学习策略使师生之间、学习者之间通过交流信息实现情感互动。换言之，网络中的协作学习对高级认知能力的发展、合作精神的培养和良好人际关系的形成等具有明显的支持作用。

三、高校英语信息化教学模式的构建

基于以上分析，信息化教学的某些特征为建构主义学习理论提供了技术层面上的支持，其学习环境与建构主义学习理论所主张的学习环境相一致，体现了学习的自主性、情境性和社会性。因此，用建构主义指导信息化教学不仅必要而且可行。大学英语信息化教学模式可按教学目标分析、创设真实情境、自主学习、协作学习、意义建构五个关键环节进行教学设计。

（一）教学目标分析

本环节主要负责分析教学目标、确定学习内容、提出本课或本单元要达到的教学目标，以确定当前所学知识的主题，并以此组织教学。大学英语是一门语言实践课，从语言发展的内在规律来看，听、说、读、写、译等五项语言基本技能是紧密相连的。听、读过程是学习者自外而内获取语言知识，即输入过程；而说、写、译则是学习者将所学知识自内而外的再现过程，即输出过程。因此，学习者要根据自己的实际情况思考完成教学目标的方法与手段，通过学习操作实践去实现教学目标。教师提出的教学目标的难度应以大多数学习者能通过为宜，并应具有层次性，以适应不同程度的学习者。教师通常还应指导学习者将一些大的任务分解为几个小目标，以便学习者分步进行学习研究。

（二）创设真实情境

建构主义认为，学习总是与一定的社会文化背景，即"情境"相联系的，在实际情境下进行学习，可以让学习者利用自己原有认知结构中的有关经验去同化和索引当前学习到的新知识，从而赋予新知识以某种意义。如果原有经验不能同化新知识，则要引起"顺应"过程，即对原有认知结构进行改造与重组。总之，要通过"同化"与"顺应"来达到对新知识意义的建构。学习个体不同，认知特点也会不同。教师要帮助学习者分析自身的知觉、记忆、思维以及动机、经验、情感等因素，找到学习内容与自身认知结构的结合点，用最符合学习者认知心理的外部刺激去促进他们对新知识的"同化"和"顺应"，完成知识意义的建构，并把其智力引向更高的水平。目前，我国已拥有卫星网、DDN 专网、IP 宽带网和有线电视网等天地合一、多网集成的信息传输运行平台，可通过实时模拟、双向答疑、视/音频文字一体的多媒体、BBS 讨论区、教学内容的网上交流等多种途径，实施教学计划指导下的非实时自主学习，以调动学习者的所有感官和过去的经验去探索和解决问题，使其对知识掌握得更加透彻，有效地促进其朝着个性化学习、自主式学习方向发展，使其在因材施教、个性化发展的过程中完成提高语言水平的实践。因此，创设从不同侧面、不同角度表征知识的多样化情境，可为学习者的探索提供多条路径，使其可随机进入任意学习情境，实现知识的正迁移。

（三）自主学习

当代英语学习理论强调，学习者在学习过程中起决定性作用，在网络学习环境下，学习被看成是学习者自发地与外界相互作用的产物。学习不是死记硬背，而是一个"积极地从所发生的事件中寻求（甚至强加）意义的创造性过程"。在这个过程中，学习者要根据自身的水平，寻找适合自己能力的学习起点、学习目标以及学习内容和方法，并确定自己的一套评估体系的能力，以扩大学习活动的自由空间，解决个体差异的需求问题，使学生的潜能得到最有效的激发。也就是说，教学对象要从客体过渡为主体，语言本身、教材和教法属于客体，是外部因素；学习者是主体，是内部因素。学习者借助多媒体网络教学系统提供的弹性学习环境，随时随地开展学习，并且能够下载或输出所需材料，从而实现网络资源的提供者和获得者进行实时和非实时的交流，使学习者在学习中遇到的问题能得到及时的解答和讨论。例如，学习者可以有针对性地重点学习词汇用法或学习篇章结构和背景知识，或反复训练听力和发音。自主学习的方式突破了课堂时间的限制，不仅适合于不同水平、不同学习要求和目的的学习者，还体现了个性化的教学原则。

（四）协作学习

由于知识的复杂性和在情境中解决问题的艰巨性，个人根据自己的经验所建构的对外部世界的理解是不同的，且存在着局限性，通过意义的共享和协调，才能使理解更加准确、丰富和全面。由此，协作发生在学习过程的始终，会话是协作过程中不可缺少的环节。学习者通过在内容丰富的情境中的对话与合作，通过对各自见解的表述而达到对新知识的构建与共享。可以说，会话是达到意义构建的重要手段之一。在信息化学习环境下，学习者面对面地进行实时在线语言交流或通过多媒体网络进行实时的文字交流的协作学习，使每位网络资源提供者和获取者的思维与智慧被整个网络学习群体所共享，即整个学习群体共同完成对所学知识的意义建构。尽管理解属于个人的建构物，无法共享，但可以与他人进行交流，通过交流检验和修正自己的理解，从而使之更符合客观规律。网络资源提供者和获取者之间有着动态的信息交互，学习者既可通过访问网络站点进行在线学习，也可通过文献检索在线资源来选择自己所需的学习内容，以达到获得知识的目的。在学习者与教师的协作过程中，学习者获得教师的帮助，教师获得学习者的信息反馈。在情境中学习时，教师既是组织者也是参与者，他们既可以通过电子会议系统、电子黑板等实现同步协作，也可以通过电子邮箱实现异步协作。协作学习可在两个以上的学习者之间进行，既可在有组织的情况下进行，也可直接面对面地或通过网络论坛进行。学习者可在比较分析同一问题的不同观点时提升自己的认识结构，加深对知识的理解，并在对不同观点进行梳理的过程中，提升自身知识意义建构的能力。

（五）意义建构

意义建构是学习过程的最终目标，所需要建构的意义是指知识或学习主题等的意义，即事物的性质、规律以及事物之间的内在联系。在这个环节中，学习者要根据自身在学习过程中，通过各种形式获得的各类不同信息形成自己的学习体会或研究成果，并且以文字材料、视听媒体、影音资料、多媒体课件和主页等多种形式将成果具体展现出来，以汇报学习成果并进行总结评价（包括学习者个人的自我评价、学习小组对个人学习的评价及教师对学习者的点评），主要目的是使学习者在一个完整、真实的问题情境中产生学习的欲望，并通过学习共同体成员之间的协作，通过学习者主动探索、亲身体验，完成对知识的意义建构过程。实践证明，意义建构是使学习者适应真实生活，逐步学会独立认识问题、提出问题和解决问题的一种十分有效的途径，有助于学习者在综合实践中提升自身的综合素质。

科学技术的高速发展使得信息技术应用为建构主义学习理论提供了技术层面上的支撑，优化了大学英语教学资源与教学环境、教学过程与教学目标，促进了学生的学习效率和教学效果的提高。这说明信息化教学代表着先进的教学理念和教学手段。

应该说，现代信息技术所构建的英语教学环境具有了情景的信息化、英语学习的全球化和个性化，为大学英语教学模式的改革奠定了坚实的基础。因此，现代教育技术支持的当代建构主义学习理论对于知识建构的意义可诠释为：学习是学习者主动建构内部心理表征的过程，它不仅包括结构性的知识，而且包括大量的非结构性的经验背景；学习过程既要运用原有的经验建构对新信息的理解，也要建构从记忆系统中提取的旧信息；不同的学习者对事物的理解（建构）不同，协作学习使理解更加丰富和全面；其主要表现为在学习过程中，强调以学习者为中心，同时不忽视教师的指导作用，强调对"情境"和"协作"等学习环境的设计，强调使用各种资源来支持自主学习，以达到学习的最终目的。

第三节　信息化大学英语教学平台的创建

一、信息化大学英语教学平台

信息化是以现代通信、网络数据库技术为基础，将所研究对象各要素汇总至数据库，与特定人群的生活、工作、学习、辅助决策等和人类息息相关的各种行为相结合的一种技术，使用该技术后，可以极大地提高各种行为的效率，为推动人类社会发展提供极大的技术支持。教学平台是指为开展教学实践使用的一系列软硬件设施的统称，其中包括提供开展教学实践的场所，传统的有教室、操场，新型的有网络、电视等，还包括设立的课程、教材资源、教学设备等。因此，信息化大学英语教学平台就是以现代通信、网络、数据库技术为基础进行大学英语教学实践的场所。本书具体对E-Learning（数字学习、电子学习）教学平台与虚拟教室进行论述。

二、E-Learning 教学平台

（一）E-Learning 教学平台的概念及体系结构

1.E-Learning 教学平台的概念

E-Learning 教学平台是基于互联网实现网络教学的必要条件，它是建立在网络基础设施之上的、用计算机网络编程实现的学习环境，其后台是系统程序和被程序组织

起来的数据库，前台是网页界面。从技术角度上讲，E-Learning 教学平台是一个基于数据库的信息管理、发布系统，以提供教学服务为原则，其用户通常分为讲授者、学习者和管理员，其学习管理系统主要存放的是以课程为单位的课件、试题库以及教学多媒体资源。E-Learning 教学平台把文字、图形、影像、声音及其他多媒体教学软件的先进技术有机地融合在一起，利用网络讲座、电子邮件、网络论坛等信息技术进行教学，使知识信息的传递方式和空间都有了极大的拓展。

2.E-Learning 教学平台的体系结构

E-Learning 教学平台的系统架构一般包括学习管理系统、虚拟教室工具、套装式在线教材、定制化在线教材、在线测验等模块。它包括五个部分：网上课程开发系统、网上教学支持系统、网上教学分析系统、网络教学资源管理系统和相关应用系统互操作接口，其中前四个部分分别具有完成网络课程开发、网络教学实施、网络教学分析、网络教育资源的管理和维护功能，第五个部分则用来解决网络教育开展过程中涉及的网络教育系统与其他相关应用系统的操作问题。

（二）E-Learning 教学平台的特点

1. 知识的可重复性

由于 E-Learning 教学是网络化的在线学习，不受时间、场地限制，因此学习者可以在自己任何有学习需要的时候使用学习资源进行预习和复习，充分巩固学习内容，避免课堂学习容易遗忘的问题出现。

2. 知识的网络化

学习的知识不再是一本书，也不再是几本参考书，而是有关的专业知识和数据库。在数据库的支持下，知识体系将被重新划分，学习内容将被重新组合，学习与研究方法也将发生新的变化。

3. 学习的自由性

学习的终端是学习者桌前的计算机，学习者学习时不一定非要循规蹈矩地按照一定的顺序，他们可以按照自己设定的学习目标随时随地进行学习，并且无论在学习过程中遇到什么问题，都可以凭借网络提供的丰富的知识库或者与教员或其他学习者的非实时交流来获得相应的帮助。

4. 学习的可跟踪性

学习者的所有学习活动都被记录下来，作为评估学习效果和分析学习需求的依据。

5. 学习内容保持及时、持续的更新

所有的知识内容（包括学习教材在内的各种学习资源）可以在第一时间保持更新，同时保证知识的一致性。

（三）E-Learning 教学平台的应用

随着网络教育技术和网络教育技术标准的发展，符合网络教育技术标准的 E-Learning 教学平台也日益丰富，如 Web CT、Blackboard、Virtual-U、Moodle、4A 网络教学平台、天空教室、Web course in a box 等。

1.Web CT

Web CT，即 Web Course Tools，是由加拿大英属哥伦比亚大学的 Murray Goldberg 教授编写的一套以网页为本的电子教学平台。从我国校园网和互联网使用的普遍性来看，外语教学可以以 Web CT 为工具，运用 PHP，ASP，VRML 等语言格式创建课程主页，可依托校园网站服务器建立单独的站点目录，配置 IIS 信息发布系统建立网络站点，发布给学生，让学生上网学习。外语课程主页设有课程说明、教学大纲、教学进度表、主题学习任务、讨论、作业、成绩、评语、校历等栏目（即环境），"各栏目设置各自的内容。运用 Web CT 创设课程网上学习环境，可推动在学习过程中学生与网络、学生与学生、学生与教师的全面互动与合作，为学生的语言使用、问题探讨开辟交流、合作以及自主学习的平台。Web CT 成为学生课内外合作与自主学习的重要工具与导向。"

Web CT 可以用来存放网络外语教学课件和教学资源，还可以为学生和教师提供交互工具。Web CT 提供了一个设计环境来描绘"桌面模式"，在这个通常受限的网络界面，工具是可利用和统一的。这个教学平台具有丰富的素材积累和管理功能、方便快捷的交互功能、完善的作业提交功能和测试评估工具及教学追踪、控制等功能。Web CT 数据库还能展现教师的答疑情况、学生的学习情况、疑难问题等的详细记录。

2.Moodle

Moodle 是目前比较流行的网络教学平台系统之一。Moodle 这个词是 Modular Object-Oriented Dynamic Learning Environment，即模块化面向对象的动态学习环境的缩写，是一个用来建设基于互联网的课程和网站的软件包。Moodle 是澳大利亚教师马丁·多格玛斯基于建构主义教育理论而开发的网络课程管理系统，是一个免费的开放源代码的软件，目前在各国已广泛应用。所谓网络课程管理系统，是指为基于网络课程的教与学提供全面支持的软件系统，这类软件系统也称学习管理系统（LMS）或虚拟学习环境（VLE）。Moodle 平台依据建构主义的教学思想，即教育者（老师）和学习者（学生）都是平等的主体，在教学活动中，他们相互协作，并根据自己已有的经验共同建构知识。

作为创设虚拟学习环境的软件包，Moodle 具有如下特点：

（1）总体设计。Moodle 比较容易安装，可以支持大量的、多种类别的课程，特别重视整个系统的安全性。所有的界面设计风格一致、简单、高效，并且不需要特殊的浏览技能。

（2）网站管理。网站是由在安装时定义的管理者进行管理的。管理者进入"主题"可以设定适合自己的网站颜色、字体大小、版面等。在网站中还有活动模块和 40 多种语言包用以满足不同国家的学习者的需求。

（3）用户管理。每一位用户都可以选择一种语言应用于 Moodle 的用户界面，可以指定自己的时区和相关的数据，鼓励学习者建立一个在线档案，包括相片、个人描述、电子邮件地址，而且这些信息可以根据用户要求不呈现出来。

如果学习者有一段时间不参加活动，其注册账号将自动退出。为了安全起见，教师可以设定课程的登录密码。课程的开设账户仅仅对建立这些课程和教授课程的人公开。学习者可以创建自己的登录账号，而对于其电子邮件地址将需要验证。

三、基于虚拟仿真技术的虚拟教室

（一）虚拟仿真技术概述

虚拟仿真技术是 20 世纪末兴起的一门崭新的综合性信息技术，是一种发展到一定水平上的计算机技术与思维科学相结合的产物。它采用以计算机技术为核心的现代高科技生成逼真的视、听、触等一体化的虚拟环境，用户借助必要的设备以自然的方式与虚拟世界中的物体进行交互，是一种人与虚拟环境进行自然交互的人机界面。它由计算机硬件、计算机软件以及传感设备等组成，这种技术的特点在于计算机创设一种人为虚拟的环境，人可以直接观察、操作、触摸、检测周围环境及事物的内在变化，并能与之发生交互作用，给人一种身临其境的感觉。

（二）虚拟教室的定义与构成

虚拟教室（Virtual Class）是运用计算机技术、多媒体技术、数字压缩技术、网络通信技术等信息技术，将多学科、多领域融合交叉而形成的产物。它是在计算机网络的基础上利用多媒体技术构建成的教与学的环境，可使身处异地的教师和学生相互听得到、看得见。它是以建构主义理论为基础，利用计算机多媒体技术、网络技术、现代通信技术等构建的数字化网络教育支撑平台。它为教师和学生提供了一个类似传统的教室，但同时不受时间、地点限制的网络教学环境。

虚拟教室不同于传统教育中的教室的概念，它不仅拥有可以进行类似于上述所说的传统教育的环境，而且是一种使学生身处学习对象之中的逼真环境。举例来说，如果学习飞行器驾驶技术，那么虚拟课堂就是飞行器飞行的模拟环境；学习解剖学时，虚拟课堂可以是在虚拟医院。虚拟课堂甚至可以使学习者身临超越现实时空的学习环境，如探索星系时的虚拟课堂是虚拟太空，研究分子原子结构时的虚拟课堂是虚拟微观世界。

（三）虚拟教室在大学英语教学中的应用

1.将虚拟教室运用于大学英语课堂教学

根据教育改革的方针，当代大学主张"以学生为主、教师为辅"的教学模式。很多科技进入大学英语课堂，如多媒体的运用。如今，教师可以利用虚拟教室，将学生带入模拟的英语学习环境中。在英语教学课堂上，教师可以利用虚拟现实技术让学生和自己喜欢的伟人、明星等进行面对面的交流和探讨，让学生身临其境地感受英语的魅力。例如，教师在讲授关于美国人物的文章时，可以把该人物的经历编入虚拟环境中，让学生"亲身"感受该人物的特点，从而掌握更多的英语知识。

2.将虚拟教室应用于大学英语实践教学

虚拟教室在大学英语教学中的应用可以大大提高学生的户外实践能力，教师可以虚拟社会环境，如外资企业的应聘现场、企业工作环境、国外商场对话等。这些外部环境大大提高了学生毕业后在职场或生活中的实践能力，让学生身临其境地感受到社会对英语人才的需求，体会英语在社会中的实际运用。

第三章　信息化背景下的大学英语教学方法

第一节　大学英语教学方法与手段

一、大学英语教学方法

（一）大学英语教学法的基本构架

1. 大学英语教学法的 AMT 三级构架

美国的应用语言学家安东尼提出了大学英语教学方法的 AMT 三级构架，试图说明大学英语教学科学分析和科学应用两个层面之间既存在不同又相互依赖的关系。安东尼认为，大学英语教学方法的框架具有层次特征。具体来说，方法体系是有关有序呈现语言教学材料的整体计划，这一计划的各个部分都必须相互和谐一致。而理论原则是有关语言教与学的一整套相关假设，理论原则具有自明性，也就是自然而然就明了的性质（它是经验论中的词汇，通常用来形容不证自明的公理）。由于教学方法具有程序性，因此在同一个理论原则的基础上，可以建立许多不同的教学方法体系。

安东尼的 AMT 三级构架的层次感和逻辑性较强。这一框架共包括三层，即 Approach（理论原则层）、Method（方法体系层）、Technique（技巧策略层）。

（1）Approach 的任务是阐述有关语言和语言学习本质特征的基本认识和观点。这一层是基础层，直接决定 Method 层，间接决定 Technique 层。

（2）Method 的任务是在对语言和语言学习本质特征的认识基础上，确立语言教学的基本内容、主要形式、操作顺序、活动特征、教学框架等。这一层是中间层，介于 Approach 层和 Technique 层之间，决定 Technique 层，同时又被 Approach 层所决定。

（3）Technique 的主要目的是描述课堂教学的技巧、策略、活动、任务等具体内容。这一层是表层，直接决定于 Method 层，间接决定于 Approach 层。AMT 三级构架如图 3-1 所示。

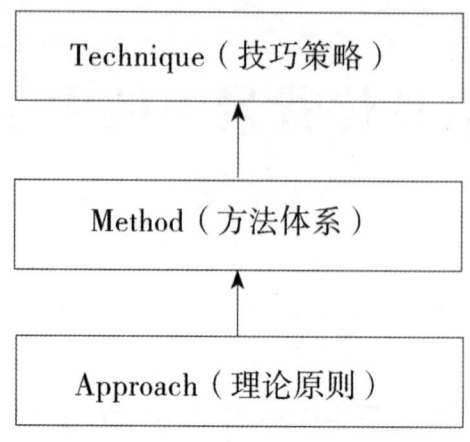

图 3-1　安东尼的 AMT 三级构架

安东尼的三级构架比较准确地界定了 Approach、Method 和 Technique 的内涵和彼此之间的内在关系，正因为如此，这一模式至今仍普遍为人们所接受。然而，AMT三级构架只是把教学理论原则和教学技巧策略描述为教学方法体系的外围结构，而不是教学方法体系本身的内部结构。因此，尽管整个概念构架十分合理，但其所包含的教学方法体系本身显得十分单薄。

2. 大学英语教学法的 ADP 三维构架

罗杰斯和理查兹在安东尼的 AMT 三级构架的基础上，保留其基本内容，并发现了其中的不足，于是提出了一个更为合理的 ADP 三维构架（图 3-2）。ADP 三维构架的各个组成部分彼此独立又相互依存，共同构成教学方法的组成部分，形成了教学方法的完整构架。另外，ADP 三维构架框架不仅把语言和语言学习理论以及教学技巧纳入教学方法体系范畴中，还对方法体系的核心内容进行了具体的分类，使之更加充实和丰富。因此，无论是在内容上还是在形式上，ADP 构架都相对比较完善。

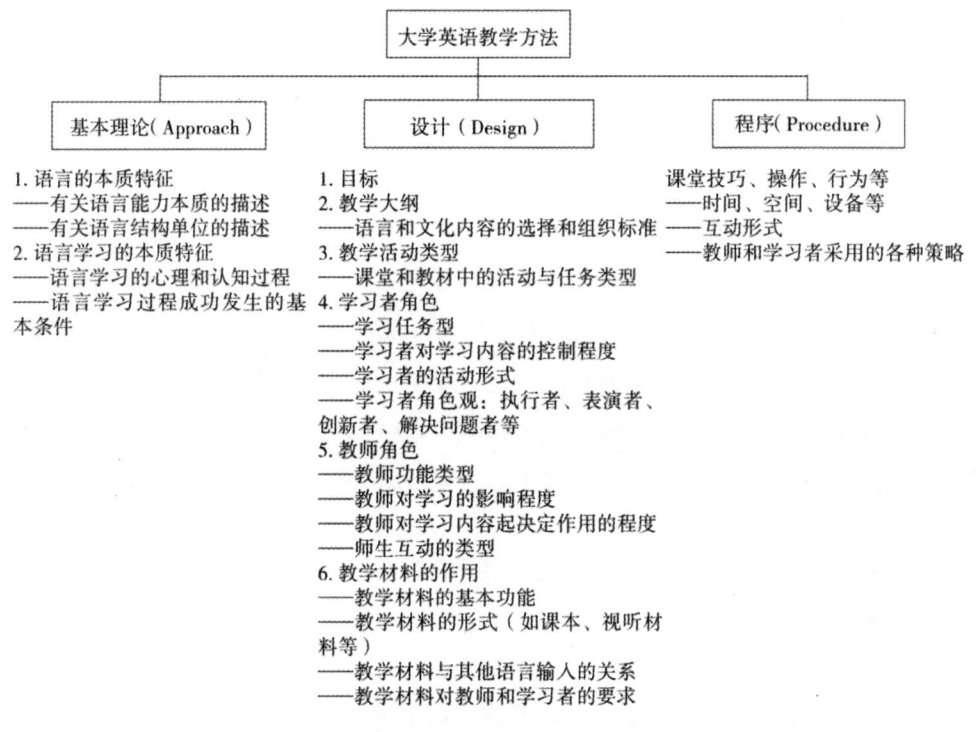

图 3-2 ADP 三维构架

　　在此对 ADP 三维构架进行详细的描述，即完整的大学英语教学方法应该具有三维描述：Approach（基本理论）、Design（设计）和 Procedure（程序）。其中，Approach 是教学理论原则，主要是有关语言和语言学习的基本理论，包括对语言本质特征的描述，如语言能力是什么，语言结构的基本单位是什么，等等。另外，教学理论原则还描述了语言学习的本质特征，如语言学习的认知过程和心理语言过程是什么，有利于这些过程的条件是什么，等等。从这一点上看，它和 AMT 三级构架具有相似之处。Design 是教学设计，主要是对教学内容、教学形式、教学顺序、教学活动等进行分析和确定，具体包括对教学目标、教学大纲、课堂活动、学生任务、教师作用、教材功能等的描述。教学设计在教学方法的体系中处于核心地位。Procedure 是教学步骤，指教学方法的实施过程，包括课堂技巧、课堂行为、互动模式、时间分配、空间布局、教学设备的使用等，一切在课堂中实际进行和完成的事情都可以是教学步骤的一部分。这三个部分既有所区别，又相互联系。正如他们所说，一种教学方法在理论上与教学理论原则相关，在组织上取决于教学设计，在实践上通过教学步骤来实现。然而，从本质上来讲，教学方法本身只是概念的组合，而不是教学实践的本身，教学方法的应用才是教学实践。而 ADP 模式把教学设计停留在理论的范畴，把教学步骤推到实践的前台，这种做法使教学步骤与教学设计分离开来，导致一些内容在教学设计和教学步骤中重复出现。可见，这种框架结构虽然对 AMT 三级构架有所完善，但也存在某些不合理的部分。

3. 大学英语教学法的五层框架结构

五层框架结构（图 3-3）是王才仁教授在综合前人教学方法构架的基础上提出的，在该框架中，各组成部分的定义及相互关系变得明确。这一框架的精髓在于通过教学策略这一层把与整个方法论相关的概念体系一分为二。Methodology 和 Approach 是教学基础理论原则，是理论部分，而 Method 和 Technique 则是实践部分，这两个部分通过 Strategy 联系，使这五个部分有机统一地出现在一个完整的框架中，形成了一个上下一体、逻辑严密的大学英语教学方法论体系。这一模式的提出，丰富了中国大学英语教学方法的研究理论，积累了一份属于中国大学英语教学自己的思想财富。

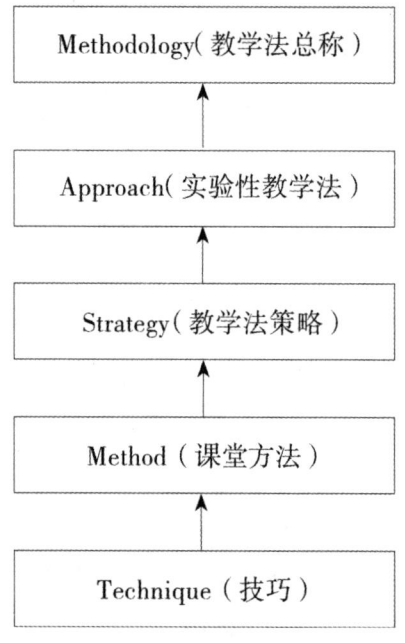

图 3-3　王才仁的五层框架结构

总的来说，王才仁的五层框架结构在综合前人研究成果的基础上，采纳了 Methodology 和 Strategy 两个概念，既从宏观上体现了教学方法的整体系统，又从微观上较为充分地描述了不同概念之间的层次关系，是一种比较综合的理论模式。然而该模式也有值得商榷之处：第一，该模式把 Strategy 定位于 Method 之上，与一般的观点恰好相反，容易引起理解和使用上的混乱；第二，该模式把教学方法局限在狭小的课堂空间内，不利于教学方法的整体性与教学的整体性保持一致。

（二）大学英语教学法主要流派的发展历程

人们对语言和语言学习的不同看法直接导致了不同大学英语教学方法的形成和发展。另外，大学英语教学方法的形成和发展与教学实践、社会需求也有着密切的关系。首先，语言学的深入发展以及人们在语言研究过程中所产生的新观点不断改变着大学英语教学所采取的实践方式。其次，人们在大学英语教学实践中积累起来的丰富经验，以及对大学英语教学所取得的新认识帮助语言教师不断发现和理解存在于教学中的一些客观规律，使其不断改进相应的教学方法，进而推动大学英语教学的发展。最后，在不同时期，社会对英语的不同需求也有力地推动了教学法的不断改进。

1. 认知派教学法

认知派以语法翻译法为代表，这一派教学法的主要特点是强调学习者对语言规则的理解和自觉掌握。语法翻译法的主要特点是以理解目的语的书面语言、培养阅读能力和写作能力以及发展智力为主要目标；以系统语法知识为教学主要内容，采用演绎法对语法规则进行详细分析；用母语进行教学，翻译是其主要的教学手段。20世纪中期，古典语法翻译法发展成了"近代语法翻译法"，开始注重听说能力的培养，但重视语法和翻译仍然是这一教学法的特点。

20世纪30年代至50年代，一种主张通过母语与目的语的翻译和结构对比，自觉掌握目的语的教学法在继承语法翻译法的基础上产生，这种教学法被称为自觉对比法。自觉对比法的特点是依靠母语自觉进行翻译对比；重视语言知识的教学；以书面语为基础，不重视口语教学，反对以听说领先。进入20世纪60年代，一种主张在第二语言教学中发挥学习者智力作用，通过有意识地学习语音、词汇、语法知识，理解、发现、掌握语言规则，并能从听、说、读、写这四个方面全面地、创造性地运用语言的认知法（认知—符号法）诞生，这一教学法在新的认知基础上重新肯定了语法学习和发展智力的语法翻译法，因此也被称为"现代语法翻译法"。

2. 经验派教学法

经验派以直接法（Direct Method，又称改革法、自然法）为代表，这一派教学法的主要特点是强调通过大量的模仿和练习形成习惯。这一派教学法主张以口语教学为基础，按照幼儿习得母语的自然过程，强调用目的语直接与客观事物进行联系教学而不是依赖母语和翻译手段。此外，20世纪初，英国著名语言教育学家韦斯特创立了一种强调通过直接阅读来培养阅读能力的教学法，被称为阅读法（Reading Method）。该教学法认为，第二语言教学的首要任务便是培养学生的阅读能力，并且强调阅读是基础。另外，在20世纪20年代至30年代的英国，由帕默和霍恩比提出创建的一种以口语能力的培养为基础，强调通过有意义的情景进行目的语基本结构操练的教学法产生，这种教学法早期被称为口语法（Oral Approach），后被称为情景法（Situational Language Teaching）。该教学法提出学习语言需要有两种能力：一种是有意识的学习能力，另一种是有天赋的自然学习能力。这一点可以被看作是最早提出区分语言学习与习得的理论。

进入 20 世纪 40 年代，一种强调通过反复句型结构练习培养口语听说能力的教学法在美国产生，这种教学法被称为听说法（Audiolingual Method，又称句型法、结构法）。听说法的特点是强调听说领先、口语第一，教学内容以句型为中心，通过句型练习来掌握目的语，并且在教学过程中排斥或限制使用母语。20 世纪 50 年代，在直接法、情景法以及听说法的基础上，法国产生了一种强调在一定情景中将听觉感知和视觉感知相结合的教学方法，这种教学法被称为视听法。视听法的理论基础同样也是结构主义语言学和行为主义心理学，其特点具体可概述为强调视觉感知和听觉感知的结合，强调语言和情景的紧密结合，强调先口语教学后书面语教学。

3. 人本派教学法

人本派受人本主义心理学影响，特别强调以学生为中心、教师为学生服务，并且更多地考虑人文方面的教学因素。比较有代表性的教学法有团体语言学习法、默教法、全身反应法、暗示法、自然法等。

20 世纪 60 年代初，由美国心理学家柯伦提出创立的团体语言学习法（Community Language Learning）主张采用小组集体讨论的形式，即将教师和学生处设定医生和病人的关系，并把学习过程看作是咨询过程的第二语言学习方法，因此这一教学法也被称为咨询法。加特诺首创了另一种教学法——默教法（The Silent Way），这种教学法要求教师在课堂上尽量少说话，多鼓励学生参与语言活动，从而使学生更有效地掌握运用第二语言的能力。默教法的主要特点集中体现为以学生为主体，教师尽量保持沉默，教学中把词汇看作语言学习的核心。全身反应法（Total Physical Response）也在这一时期产生，这种教学法强调语言学习行为的协调，通过身体动作为学生教授第二语言，主要用于美国移民儿童的英语教育。全身反应法的教学特点主要体现为将学生口语能力的培养确立为教学总目标，通过全身动作的反应来训练理解能力，主张先理解后表达。

20 世纪 60 年代中期，由罗札诺夫提出创立了暗示法（Suggestopedia），它强调通过暗示来激发人的身心两方面的潜力，强化学习动机并创造最佳学习条件，将有意识的和无意识的活动相结合，让学习者在放松而又注意力高度集中的精神状态下进行有效的学习。

20世纪70年代后期，由斯蒂芬·克拉申等倡导创立了自然法，这一教学法以培养学习者的口头和书面交际能力为教学目标，课堂活动全部用来交际，强调可理解的输入以及理解的重要性，重视学习者的自然习得过程。

4. 功能派教学法

20世纪70年代，受社会语言学、功能主义语言学的影响，重视培养学生语言交际能力的功能派应运而生。这一派教学法的主要代表是交际法（Communicative Approach）。这一教学法代表了世界第二语言教学法流派的最新发展潮流，也是20世纪后期影响最大的教学法流派。

另外，20世纪80年代的英国进入教学法研究的"后方法时代"，一种新型的任务型教学法（Task based Teaching）产生，该教学法是在交际法的基础上发展的，教学活动以学生为中心，教师设计具体的、带有明确目标的活动，让学生用目的语通过协商、讨论来达到学习目的。

以上各种教学法流派在不同时期对我国大学英语教学都产生了比较深远的影响。最早期时，受语言和社会环境影响，我国在大学英语教学法上基本采用的是语法翻译法；到了20世纪50年代至60年代，"直接法"从被批判到被客观评价再到慢慢被接受，并且我们自己也慢慢发展出了"相对直接法"；20世纪60年代至70年代"听说法""视听法"逐渐受到重视，以听说为主、读写为辅的教学理念也被广泛接受；20世纪70年代后期，"功能法"传入我国，并成为影响较大的教学法流派。

综上所述，以上这些教学法流派各有独到和创新之处，但也有不足之处。作为世界第二语言教学法流派中影响较大的派别，它们的形成和出现都是建立在一定的语言学、教育学、心理学理论基础之上的，在不断地发展演变过程中，不同教学法流派也在保持自己特色的同时不断吸取其他优秀教学法的优点来完善自身。而且教学法的更迭也受整个社会时代发展的影响，从最开始的教学法探索到第二语言习得的兴起再到后方法时代，教学法在教学任务中的角色也在不断转变。

二、大学英语教学手段

大学英语教学手段的发展大致经历了四个阶段，即初级阶段、语言实验室辅助教学阶段、计算机辅助教学阶段、网络辅助教学阶段。

（一）初级阶段

1. 简单教具

自早期的大学英语教学开始，直至20世纪50年代至60年代听说法诞生前，大学英语教学与其他学科一样，教学手段都以使用黑板与粉笔为主，辅之以实物、图画、卡片等简单教具。

采用语法翻译法进行授课的教师常大量依靠黑板上的板书与图表，除了大黑板外，还时常在课前准备小黑板。不仅教师使用黑板，学生也时不时被要求在黑板上默写英语。

而采用直接法进行授课的教师则常使用图画画片、实物、卡片等辅助教学。图画、实物等具有直观与静态的特点，有助于说明问题，与单调的黑板加粉笔这种教具相比，这些教具无疑是一个进步。例如，图画曾是大学英语教学中经常使用的教具，其具有来源广泛、使用方便、制作简便的特点。特别是某些实物不便被带进课堂，所以对于某些所学语言国家所特有的东西，便可以用图画来表示。简笔画是图画的一种，它具有笔画简单、形象、生动、易于理解的特点。简笔画人人都能学会，而且画起来迅速，教学里使用起来更简便，学生理解更容易，教师在讲练单词、词组、句子和课文时都可以使用。画片也是大学英语教学中常用的教具。画片一般贴在硬纸板上，按题材分类配套，以便保存，长期使用。利用图画既可表示词和句子的意义，还可就图上人物的动作、位置、关系、衣着、表情等进行问答和谈话。但无论是黑板还是图画等，其形式都比较单一，在培养学生语言能力方面十分有限。

2. 电化教具

20 世纪 30 年代至 40 年代，尤其是第二次世界大战以后，电影和电视开始被引入大学英语教学中。随后，投影仪、录音机及磁带、录像机及录像带等也开始进入英语课堂。这些电化教具对大学英语教学的发展具有重要的推动作用。例如，20 世纪 30 年代后，美国等西方国家开始利用广播进行远程外语教学，但是教学效果不太理想。据统计，只有 25%—30% 的学生能完成学业并参加考试。但从外语教学的角度来看，通过收听正常语速的广播，对于提高学生外语听力水平十分有利，更有助于学生毅力与独立学习精神的培养。

在广播教学之后，电视开始被引入到英语课堂教学中。电视教学使大学英语教学更加形象化，视听结合的大学英语教学效果更优于广播的效果，特别是学生可以直接与教师见面，增进了师生之间的互动，在讲解抽象的语法与其他语言现象时，表现出更明显的优越性。基于其突出的优点，电视大学英语教学很快被世界各国所采用。同时，电影和录像也开始被运用于大学英语教学中。电影与录像具有人物形象与情节结构生动、背景知识与文化内涵丰富的特点，不仅可以全面提高学生的英语学习能力，培养学生的思维能力，还能增进学生对所学语言国家的文化知识的了解。但根据教学内容制作电影是很困难的一件事情，录像的制作困难略小，同时费时费力。

广播、电影、电视、投影仪等电化教具的运用给大学英语教学注入了巨大的活力。但是从整体上来看，20世纪上半期，传统大学英语教学理论与教学方法都偏陈旧，课堂上教师仍占据主导地位，电化教具并没有从根本上转变学生被动学习的状态。

（二）语言实验室辅助教学阶段

20世纪60年代初，提倡使用大量句型练习的听说法开始盛行。此时，人工操作的教具已不能满足教学的需求，英语电化教具被进一步迅速推广，一种类似理科实验室的语言实验室应运而生。与之前不够系统的电化教具相比，语言实验室设有统一使用各种电教设备的装置，每个学生可在自己座位上利用所需的设备进行学习，并得到教师的指导。

听力室是最早的语言实验室。听力室中设有录音机和录制好的各种课本的课文、会话和其他听力材料的录音磁带。现代化的语言实验室可供上语言实践课用。在语言实验室里，一般设有多个隔音座位，学生在进行练习或与教师交谈时，不会影响邻座。座位前桌上装有一副供听音的耳机、一个供录音和问答用的话筒、一台双轨录音机，磁带上轨录教师的声音，下轨录学生的声音。此外，还有教师用的控制台，通过控制台教师可进行以下几项工作。

（1）给全体学生播放录音，或放不同的录音给不同程度的学生听。

（2）对个别学生进行提问对话、答疑、改错等工作。

（3）组织同组或不同组的学生互相问答。

（4）通过问答检查学生的学习效果。

（5）通过监听装置，监听学生的学习活动。

（6）向全体学生、个别组、个别学生发出指示。

（7）解答学生的疑难问题。

由此，不难看出，语言实验室具有下列两个显著优势。

（1）语言实验室实现了电化教具系统的管理与使用，提高了教学手段的利用率与效益，有助于大学英语教学质量的提高。

（2）在语言实验室里，每个学生都有安装在座位上的录音机、电视屏幕与耳机，这有利于学生学习英语的自由度。教师除了自己讲解外，还可以留出一些时间，让学生自己掌握学习进度。对于一些较困难的语言材料，学生可以根据需要反复听和练习，教师也可在一旁随时指导，这对于学生学习能力的提高十分有利。

（三）计算机辅助教学阶段

20世纪60年代后期，早期的计算机辅助语言教学开始出现，而且由于其效益高且使用方便，该教学方式于20世纪70年代后期至80年代得以迅速发展。

在大学英语教学中，计算机的使用共经历了两个阶段：行为主义阶段——计算机充当教学辅导员的角色，认知法与交际法阶段——计算机担任学生的角色。与前两个阶段相比，第三阶段的网络教学阶段有了飞跃式的发展，而且仍在继续发展。

1. 行为主义阶段——计算机充当教学辅导员

20 世纪 70 年代前后，计算机辅助教学主要用于以行为主义心理学与结构主义语言学为理论基础的语言结构的教学中，如语法翻译法教学和听说法教学。其基本做法是将一些可以用计算机进行的练习，如词汇与语法的单项练习、阅读理解检查与简单的写作练习等从书本搬到屏幕上。使用计算机进行练习，利于个别化教学的进行，而且成绩好的学生可以从中学到许多书本上学不到的知识，学习困难的学生也不必承受太大的心理压力，只要集中注意力，根据自己的情况完成作业即可。此外，计算机含有形式多样的练习方式，如图画、游戏等，这些带有趣味性的练习方式，不仅可以激发学生学习的兴趣，还可以弥补书本上一些练习枯燥乏味的缺陷，而且在学生做完练习后就可以立即知道结果。

但是，此时的计算机辅助教学并没有脱离注重语言结构的框架，它仅是对学生起到辅导作用的单向活动，并没有真正培养学生的交际能力，而且其优越性也没有得到充分的体现。

2. 认知法与交际法阶段——计算机担任学生的角色

20 世纪 80 年代后，计算机辅助教学常被用于认知法与交际法的外语教学中，目的在于体现以学生为主体的教学思想，重点发展学生的认知能力与交际能力。计算机提供建立在学生已有知识基础上的情景与练习项目，复习与获得新知识的活动则完全由学生掌握。与前一阶段的计算机辅助教学不同，该阶段的计算机辅助教学提供了录像的情景，有了初步的人机互动，练习也从单句扩展到语篇。很显然，相较前一阶段，这一阶段的计算机辅助教学有了一定的进步，但其仍存在一定的缺点，即人受计算机指挥，只做到了有限度的人机互动，未能做到人控制计算机开展人际交流，而且也忽视了师生互动的教学原则。

总体而言，相较于语言实验室，计算机辅助教学呈现出显著的优势，具体表现为以下四点。

（1）计算机辅助教学提供比其他教具更生动、更形象的真实情景，它能同时刺激视觉、听觉等多种感官，使学生在进行语言操练时犹如身临其境，可有效地培养学生的交际能力。

（2）计算机辅助教学充分体现了"以学生为主体"的教学思想。录音、录像、电影等各种语言实验室中使用的教具，都是向学生传递知识的工具，其作用是代替教师传授知识，学生被动地接受它们传达的信息。而计算机辅助教学有效增进了师生间的互动，使学生与教师一起运用计算机技术培养语言交际能力。在这一过程中，学生利用新技术提供的人文与语言环境，广泛开展人际交流，有利于由教师主导、以学生为主体的语言教学模式的形成。

（3）计算机辅助教学在实施个别教学上具有很强的灵活性，适合于不同类型的学生，既有利于缓解语言教学中两极分化现象给学习困难的学生带来的压力，也有利于优秀学生的进一步提高，因此计算机辅助教学符合因材施教的教学原则。

（4）计算机辅助教学还可用于远程教学，对语言教学的普及有巨大的推动作用。

（四）网络辅助教学阶段

20世纪90年代中期以来，随着计算机的普及以及互联网的广泛应用，计算机辅助教学进入了一个新的发展阶段，即网络语言教学时代。原先以语言练习见长的计算机辅助教学转变成集语言、文化、教育于一体的多功能网络教学，在性质上发生了根本变化。其中，多媒体的运用为教学提供了真实的语言环境，而且通过多媒体还可以开展人机互动，有利于学生与教师之间的相互交流。互联网与电子邮件的运用有利于教师更广泛地开展真实的思想及语言交流活动，也有利于学生全方位英语能力的培养。可以说，多媒体网络教学为现代大学英语教学注入了一股新力量，不断促进大学英语教学的前进和发展。

第二节　信息化教学方法综述

一、信息化教学方法的含义

信息化教学方法是教育者和学习者为达到一定目的，使用现代教育媒体而形成的教与学的活动途径和步骤。这种工作方式主要指教与学的活动途径和步骤。信息化教学方法是教学方法体系的一个组成部分，与其他教学方法没有本质上的差别。但是，信息化教学方法强调对媒体或信息技术手段的应用，是围绕现代教育媒体的应用而形成的方法。

信息化教学方法必须依据一定的教学理论来展开工作。这是一切教学方法的共性。信息化教学方法不刻意追求某一个教学理论，各种现代教学理论对信息化教学方法都具有指导意义。而且，现代教育媒体的应用并不意味着信息化教学方法与现代教学理论之间有天然的联系，先进的思想可以影响它，传统的思想也可以影响它，从某种意义上而言，信息化教学更需要现代教学理论的指导。

信息化教学方法必须指向一定的目标，解决一定的问题。教学方法的应用要在教学目标的导向下进行，如果没有目标，教学方法也就难以有成效。

信息化教学方法有其特有的结构，这一结构是根据教学的需要，应用现代教育媒体而形成的一系列步骤、环节和过程等。教学方法在实施中都要展开其步骤和环节等结构性因素，但是信息化教学方法的实施、现代教育媒体的应用会使这些结构性因素发生变化，如有些教学活动在现代教育媒体的支持下可以使教学双方的步骤非同步展开。

信息化教学方法来自两方面：一方面是在原有的教学方法的基础上融合现代教育媒体的应用，使这些方法有了新的特点，如在传统的讲授法的基础上结合幻灯片、电视等媒体的演播；另一方面是在运用现代教育媒体的基础上形成新的教学方法。

二、信息化教学方法的分类

从不同的性质特点出发，可把信息化教学方法分成不同的种类，分类的目的在于明确各种信息化教学方法的概念与特点，以便能够正确选择运用。

（一）从学科性质分类

按照学科性质的不同，信息化教学方法可分为语文信息化教学法、数学信息化教学法、物理信息化教学法、化学信息化教学法、地理信息化教学法等。学科信息化教学方法是研究信息化教学媒体在不同学科中运用的方法，主要是研究信息化教学媒体对不同学科内容的表现方法。

（二）从媒体种类分类

信息化教学媒体丰富多样，各种不同的媒体在教学中有不同的使用方法，据此可将信息化教学方法分为幻灯投影教学法、广播录音教学法、电视教学法、电影教学法、计算机辅助教学法、语言实验室教学法等。媒体教学法的实质是研究各种不同的媒体在教学中的具体运用，包括运用的原则环境与具体方法等。

（三）从媒体的教学属性分类

综合考察各种信息化教学媒体的教学属性、主要刺激的感觉器官、依据的教育教学理论等因素，信息化教学方法可分为媒体播放教学法、程序教学法、训练教学法、微型教学法、成绩考察法等。

（四）从教学内容分类

从教学内容分类，可以分为以传授知识为主要目标的播放教学法和程序教学法、以训练学生技能为主要目标的微型教学法、以检查学生学习成绩为主要目标的成绩考核法。

三、信息化教学的基本方法

目前，在教学实践中可用的信息化教学方法多种多样。在信息化教学中，教师要利用有限的几种基本教学方法，根据具体教学情况加以选择并综合运用，从而创造出适用于某一学科中某一课题的某一具体情景的具体教学方法。那么，面对可供选择的信息化教学的基本方法，究竟选用什么样的方法，如何运用恰当的教学方法来帮助教师实现有效的信息化教学？这就要求教师了解这些方法，对它们进行具体的分析，讨论这样一些问题：不同的信息化教学方法各有哪些特点？有哪些优势？由哪些具体活动组成？适用的范围和条件如何？当从这些方面对信息化教学的基本方法进行具体的分析之后，教师就能较好地认识它们，从而根据教学内容的不同、教学对象的差异、教学目标的区别、教学时间的长短和自己的特长，选择运用一种或几种基本教学方法创造出生动活泼的具体教学方法。下面围绕信息化教学方法的特点、优势、应用步骤、适用范围和条件等问题，介绍一些基本的信息化教学方法。

（一）讲授—演播法

讲授—演播法是将教师的讲授与播放媒体相结合的教学方法。这是课堂教学中最常见、最普遍的方法。教师的语言表达是进行教学信息传递的最基本的途径之一，讲授的方法具有一定的历史。现代教育媒体的出现，给传统的讲授法增添了现代化的色彩。讲授—演播法的特点是讲授、讲解，能充分发挥教师语言表达的优势，体现教师个人的语言特色和魅力，可以将知识的逻辑关系和结构系统地传授给学生，以较少的时间向学生传授更多的知识；而媒体的演播可以让学生看到和听到所学的事物和现象，拓展其认识客观世界的时间和空间。教师在口头讲授的同时，可利用媒体手段把讲授中的难点和重点内容，尤其是抽象的内容加以表现，或给学生提供直观形象的内容，或给学生创设情景，使教师的讲授锦上添花，这样既提升了教师对信息的表达能力，也丰富了学生获得信息的形式。

讲授—演播法把讲授的特点与媒体播放的特点进行了结合。现代教育媒体在讲授—演播法中主要扮演辅助教师讲授的角色，如呈现事物和现象的图像和声音，增加感性的材料，烘托课堂气氛，精练板书等。讲授—演播法既可以以教师讲授为主，媒体的播放围绕讲授而展开，也可以以媒体播放为主，讲授结合媒体的播放而进行。

讲授—演播法的应用步骤有多种，这里举两个典型的步骤，如图 3-4 和图 3-5 所示。

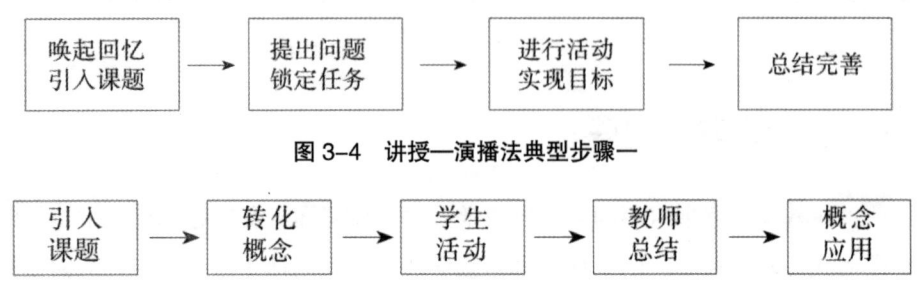

图 3-4　讲授—演播法典型步骤一

图 3-5　讲授—演播法典型步骤二

1. 第一种典型步骤的具体活动内容

（1）唤起回忆，引入课题。利用媒体展示事物的图像使学生对该事物进行回忆，同时引入课题。

（2）提出问题，锁定任务。教师在对事物介绍的基础上提出问题，引出并锁定课程的任务。

（3）进行活动，实现目标。教师播放媒体，让学生观看相关的视频内容，并指导学生阅读文字材料，通过思考、回答问题等一系列活动实现教学目标。

（4）总结完善。教师用投影片和概要、简练的语言进行课堂总结。

2. 第二种典型步骤的具体活动内容

（1）引入课题。以媒体展示具体事物的形象，引出问题，吸引学生的注意力，引入课题。

（2）转化概念。由形象的东西转化为抽象的概念。

（3）学生活动。教师进一步提供新的材料，让学生进行思考、讨论等活动。

（4）教师总结。教师对课题的结果进行总结。

（5）概念应用。学生在新的情境中运用所学的概念解决问题。

讲授—演播法适用于教材系统性强的学科，适用于传授和学习事实、现象、过程性的知识，而且较适用于中学和较高年级。使用这种方法需要教师有较强的语言表达能力和运用现代教育媒体的能力，并且要求学生有较高的学习自觉性和听讲的能力。

（二）程序教学法

程序教学起源于美国心理学家普莱西于 1924 年设计的第一台自动教学机器，形成于 20 世纪 60 年代斯金纳小步子直线式程序教学理论的提出。程序教学的理论基础是斯金纳创立的操作性条件反射学说和强化理论。

程序教学法就是在这种理论指引下组合和提供信息的一种特殊方法，是教师根据一定的教育学、心理学和教学理论，按照评定的教学对象的状况，把预先安排的教学内容分解为按一定的严格的逻辑顺序排列的小单元，并构成程序教材，然后通过一系列专门的问题和答案，再通过教学机器由学习者操作显示的教学方法。它要求学习者及时反馈并立即决定是否进入到下一个小单元的学习。实际上，程序教学法可以理解为一种自学方法，每位学生都可以自由支配自己的学习进度，每一步都建立在前一步的基础上，并能在每一步之后得到立即强化。程序教学法的特点是：在教学过程中，学生能够积极参与学习活动，思维始终处于高度积极的状态；能充分发挥学生的主观能动性，使学生创造性地学习；人机交互中信息反馈及时、强化有力、指导有方、评判公正；不同的学习者可以自定步调，以适应个人的学习进度，有利于个性化教学；对学习能力较低的学生来说是一种有效的学习方法；能有效缩短学习时间；有良好的激励功能，可增强学习信心等。程序教学法的应用步骤如图 3-6 所示。

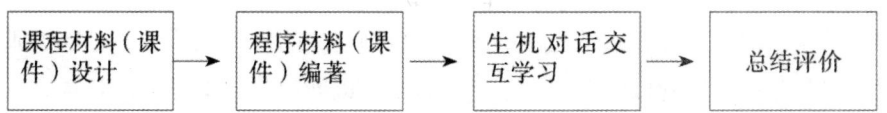

图 3-6　程序教学法的应用步骤

其中，各个相关活动内容如下：

（1）课程材料（课件）设计。教师和程序设计人员根据需要，把内容与学习过程加以结合，设计有关程序化的教学材料（课件）的方案。

（2）程序材料（课件）编著。程序编制人员根据设计方案编制程序化材料。

（3）生机对话交互学习。学生操作设备（计算机）并与之对话，在程序教学材料的引导下进行学习。

（4）总结评价。教师对程序学习的结果进行总结和评估。

程序教学特别适用于下列情况：帮助优等生学习一些教师因教学时间的限制而未能讲授的扩充性的学习内容，对学生进行补习性辅导；为学生提供预备性知识；要求标准化行为的教学；开设学校由于缺乏优秀教师而难以开设的课程；开展个别化训练。但运用程序教学法必须注意以下一些基本要求：

首先，选用或编制结构合理、配置适当的高质量课件。一个好的课件应具有人工智能的特性，即在人机对话过程中，能从学生的应答中了解其掌握知识的情况，从而做出有针对性的教学决策，以提高运用程序教学进行学习的效果。

其次，教会学生使用教学机器。在运用程序教材进行学习前，学生必须懂得计算机操作要领。因此，必须对学生进行学习前的培训。

再次，明确学习目的，与文字教材配合使用。在应用过程中应有明确的学习目的，注意与传统文字教材的结合，此过程要求学生有较高的自主精神和负责态度。

最后，注意与常规教学方法相结合。程序教学法虽有优点，但也存在削弱师生之间、学生之间即时信息交往等方面的不足。因此，运用程序教学法时必须与常规教学方法进行有机结合，使之相互补充、相互促进。例如，学生在使用程序教材学习之前，可在教师的引导下掌握所学内容的知识背景、基本概念与术语等，理解学习目的和思路，然后让学生通过上机练习，消化所学知识或形成技能等。

（三）问题教学法

问题教学法就是为启发学生的思维和培养其解决问题的能力，教师与学生围绕某个实际问题而使用的教学方法。它是一种以学生为中心的教学方法。问题教学法的核心是培养学生的思维能力。信息技术在这种教学法中起着关键的支撑性作用，它被用来呈现问题情景，是分析、解决问题的工具。

问题教学法的特点是在教学过程中更加注重师生之间的关系处理，突显教师辅助者、引导者的作用，通常以问题情境来组织教学，以此引起学生思考，促使学生运用所学知识分析问题、解决问题，增强学生的自主学习能力，同时借助信息技术工具，建立沟通协作渠道，促进人际交往能力和团队合作能力的提高。也就是说，问题教学法以学生为中心开展教学，以问题为教学驱动力，以小组为教学组织形式，通过过程性评价促使学生能力的进一步提升。

问题教学法的基本教学步骤组成如图3-7所示。

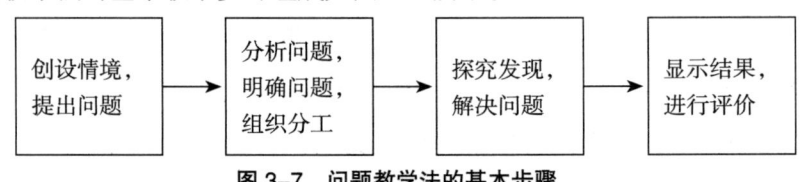

图3-7　问题教学法的基本步骤

问题教学法的基本步骤如下：

（1）创设情境，提出问题。教师充分利用各种信息技术，如借助多媒体教学系统，通过让学生观看相关影视资料、浏览相关网站等多种方式把学生带入问题情境之中，针对问题情境，向学生布置任务；学生接受任务，根据回忆早期的学习经验，产生学习的动机和学习的责任感。

（2）分析问题，明确问题，组织分工。在教师的组织下，学生讨论解决问题的可能方法，教师帮助学生分析问题情境，理解问题的情节和情形，进一步找到问题的本质，并对问题进行界定、阐述。同时，教师根据学生的兴趣和能力，将学生进行分组，分配学习任务，提供相关资源。

（3）探究发现，解决问题。教师向学生提供有关材料、参考资料等学习资源，学生通过各种途径，借助并利用信息技术，查找、收集与问题相关的信息与资料；学生小组成员对收集到的信息进行归类、整理、分析，然后通过相互交流制订解决问题的方案。

（4）展示结果，进行评价。各小组以幻灯片等形式陈述、展示他们在解决问题过程中的计划和任务安排、完成任务的过程、解决问题的建议及主张，最后通过自评、生生互评、教师评价等相结合的方式，以过程评价为主、终结性评价为辅，对学习成果进行评价。即各小组对各自的问题解决方案进行自我评价，小组之间对方案进行相互评价，教师再评价每个小组的学习成果以及在整个问题解决过程中的方案方法的优劣，并向学生提出新的类似的问题，让学生尝试解决。

问题教学法的适用范围和条件：问题教学法的应用需要信息技术的支持，如此教师才能通过信息技术工具创设问题情境，学生才能利用信息技术工具获取丰富的信息资源，师生之间才能利用信息技术搭建沟通交流平台，才能保证活动有效开展。问题教学法适用于教授各学科领域的概念、规律、理论等教学内容，适用于实践性强的教学内容。

（四）探究—发现法

探究—发现法就是在教师的安排和指导下，由学生借助现代教育媒体进行探索、发现问题，从而掌握知识的方法。教师借助现代教育媒体设置问题情景，提出促使学生思考的问题；学生利用现代教育媒体去搜集、查询有关信息，寻找问题答案。这是一种以培养学生创新和实践能力为目的的教学方法，该方法的主旨是在教学中不给学生提供现成的答案或结论，而是由教师提出问题或通过设置特定情境的刺激，促使学生自我探索和发现问题，以类似科学研究的方法去获取知识和应用知识，从而掌握所学知识，调动学生学习的积极性和主动性，培养学生发现问题、解决问题的能力。

探究—发现法的特点是：探究—发现法是一个发现问题、提出问题和解决问题的学习活动过程，在这一活动过程中学生通过亲身活动提出问题、发现答案、解决问题，在探究活动中生成知识，由此对获得的知识产生深刻的印象；可以发展学习者的分析、综合和评价等高级思维能力，培养发散性和创造性思维。

探究—发现法的应用步骤如图3-8所示。

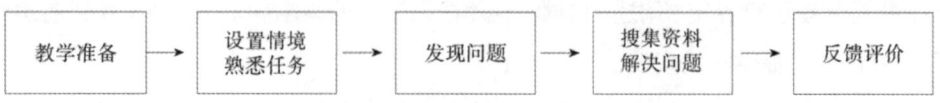

图 3-8　探究—发现法的应用步骤

探究—发现法的应用步骤如下：

（1）教学准备。让学生了解探究—发现的基本技能，提出探索与发现的基本要求，掌握进行探究与发现的工具，提供必要的信息检索指南、专业网站的网址等，使学生知道如何有效地进行探究与发现学习。

（2）设置情境，熟悉任务。教师进一步向学生提供有关需要探究或发现的问题情境，引导学生关注有关的主题，并向学生提供必需的学习材料，以便让学生熟悉任务，进入问题情境之中。

（3）发现问题。学生在教师的要求和引导下，结合过去的知识和经验自行发现问题，确定探究的方向。

（4）搜集资料，解决问题。学生通过各种途径、形式自行搜集资料，如参考相关资料和实地考察、调查和采访、进行实验、查阅文献、观看影视录像、案例追踪分析等。搜集资料不是目的，而是了解事物的手段。然后学生利用现代教育媒体，如计算机网络工具，自行搜集、加工整理资料，对搜集到的数据资源进行筛选、归类、统计、分析、比较，最后在教师的指导下，得出结论或答案，解决问题。

（5）反馈评价。对学生得出的结论或答案，教师要进行点评和总结。

探究—发现法的适用范围和条件：探究—发现法的应用需要教师有较强的应变能力和运用现代教育媒体的能力，同时需要学生拥有自主学习能力和信息技术应用能力，这样才能激发学生的学习动机，引导学生利用信息技术工具和手段，在自主学习环境中进行探究。探究—发现法适合教授和学习概括性、规律性的知识，适用于对未知领域的问题探究，或对已有知识进行个性化的再认识，而这种方法更适用于高年级的学生。

（五）微型教学法

微型教学法由美国斯坦福大学在 1963 年首创。微型教学法是指教师借助摄影、录像设备培养学生某种技能的教学方法。由于该方法是在小教室中对学生的某种技能进行培训，培训时间短、规模小，故称之为微格教学或微型教学。微型教学法首先在教师培训上获得成功，然后被其他学科领域的技能训练纷纷采用，成为一种卓有成效的教学方法，被广泛应用于各种职业技术训练上。它是让教学对象扮演一个职业角色来表演所要求的一系列活动，利用现代摄像设备记录这一过程，然后指导教师与角色扮演者一起观看重放的录像，进行分析评价，找出差距，再进行同样的工作直到学生掌握所要求的职业技能为止。

微型教学法的应用有以下几个特点：

①人数少、易操作、微型化。由少数学习者（5—10人）组成"微型课堂"，以真实的学生或受训者的同学充当"模拟教师"和"模拟学生"，通过不断轮换，保证每个学生都有充分的机会得到培训和个别指导，这样既容易操作，也可使课堂微型化。

②训练时间短，技能单一，目的明确，重点突出。在教学培训中把内容进行分解，将综合性的教学技能分解为一个个单一的技能，如提示的技能、演示的技能、板书的技能等。每次针对一种技能进行培训，培训目的明确、重点突出。被训练者利用5—10分钟的时间进行一段"微型课程"的教学实践，从中训练某一两项教学技能。

③借助媒体设备展示范例，实时记录。在进行"微型课程"的教学实践过程中，利用摄影、录像设备系统展示某技能的范例，供学生学习和模仿；也可在学生模仿训练时将实践过程记录下来。

④反馈及时准确，评价方式多样。完成训练后，通过视听系统重放已记录的内容，供师生点评分析，让学生及时得到反馈信息。评价方式可以是自我评价，也可以是他人评价。

微型教学法的应用步骤如下：

（1）确定训练目标，明确学习技能。要使学生在教学活动开始前了解每一项技能的理论和方法，并掌握各项技能的执行程序和实施要求。通过多次实践、评价、修改，使技能趋于完善，并通过综合训练，形成技能。

（2）学习研究技能，观摩技能示范材料。在进行微型教学实践前，应先组织学生对各项技能的有关理论、方法程序、实施要求进行学习研究，并且通过播放反映某项技能的示范性录音、录像资料，使学生对教学技能的事实、观念、过程、操作程序有一个形象化的了解，使学习者获得技能模仿的样板，使训练目标和要求更加具体化。

（3）角色扮演，声像记录。要组成微型课堂，让学生进行角色扮演，实践一两项技能，模仿表演前面观察到的技能，同时用电视摄影、录像设备录制角色的行为，以便能及时准确地反馈。

（4）重播录像，自我分析，讨论评价。实践活动完成后要重放录像，让扮演角色的学生以"第三者"的身份观察自己的行为，并找出不足。扮演角色的学生看过自己的实践录像后，首先要进行自我分析，检查实践过程是否达到了预定的目标。指导教师、评价人员、学生角色都要从各自的立场来评价实践过程，通过分析、比较，肯定成绩，指出不足，以便改进。

（5）再实践，再改进。经过评价，已经达到基本要求的可进入下一技能的学习，实践新的教学技能；未达到要求的则需要根据反馈信息和教师的点评，做好进一步练习。

微型教学法适用范围和条件：微型教学法是进行技能教学的有效方法，适用于教师教学技能的培训，也适用于艺术、体育等学科的技能或动作行为的教学。这种教学方法需要在微型教学系统中实施。

（六）模拟训练法

模拟训练法就是利用现代教学媒体模拟自然现象、运动状态和过程等，或者在特定的工作环境下进行实验和训练，以揭示其规律的一种教学方法。模拟训练法的特点是：

（1）突破教学条件限制，方便训练教学。由于受各种特定条件的限制，教学中不能用真实环境或事物进行实验或训练，需要用计算机等媒体模拟这些环境或事物，以便于师生有效、安全、省时地进行训练教学。

（2）设备与媒体的广泛应用，丰富了模拟工作环境。模拟训练法最初是用机械装置模拟一种工作环境，如模拟汽车驾驶室来培训驾驶技能。计算机被用于模拟训练后，与机械装置进行结合，大大丰富了模拟的工作环境。

（3）应用信息技术手段，拓展训练类型。由于信息技术手段的应用，训练的类型也从单一变为多样化。模拟训练法大致有四种类型，分别是操作性训练、工作情景训练、实验情景训练以及研究方法训练。

模拟训练法的适用范围和条件：运用该方法要提供可供模拟的适合学生发展的教学信息；要使学生进行仿效训练或亲自操作；要面向全体学生；教师应做好引导，及时分析、评价，明辨正误，分析原因，找出最佳思路和方法；要正确处理模拟教学法与常规的实验法、演示法、参观考察法的关系，在条件允许的情况下，要使它们有机结合，以利于取长补短；要引导学生抓住事物的本质。

第三节　信息化背景下的大学英语教学方法的创新

在新的大学英语课程教学要求中，现代信息技术的大量应用是新教学模式的一大特点，而在近些年大学英语教学方法与教育技术结合的发展中，多媒体技术是最令人瞩目，也是应用最广泛的。随着多媒体的发展及其在教育学中的应用，多媒体技术在大学英语教学中体现出了独特的价值,并得到广泛运用,使大学英语教学的广度、深度和灵活度都得到了增强,推动了教学方法以及教学理念的更新。以计算机为核心的多媒体教室、语言实验室、网络教室、自主学习中心和校园网络等,为大学英语教学创造了良好的教学环境。在教学实践中,课堂内外多媒体手段和资源的使用,丰富了教学的层次,激发了学生的学习兴趣。目前,许多院校的硬件设施已大大改善,多媒体技术也越来越被广泛地应用在英语教学中,多媒体技术在英语教学中的使用和推广已是大势所趋。但不可否认的是,多媒体与大学英语教学的结合仍需进一步深化与创新,以使大学英语教学掌握更丰富与更有效的方法和手段。

一、网络教学法

(一)网络教学法的含义

网络教学法是一种包括新的传播媒介以及人与人之间的交互作用的教学法。这些新的沟通媒介是指计算机网络、多媒体、专业内容网站、信息检索、电子图书馆、远程教育和网上课堂等。网络教学具有三大要素:一是网络环境,即所谓的信息技术学习环境;二是网络资源,即经过数字化处理,可在多媒体或网络环境下运行的教学材料;三是网络模式,即利用信息技术,通过对资源的收集利用,发现知识、探究知识、展示知识及创造知识的学习模式。

网络教学法下采用的教学方法是基于建构主义教育心理学理论的,建构主义理论为人们开发大学英语网络课程奠定了理论基础。建构主义理论认为,知识不是通过教师的传授得到的,而是学习者在一定的社会文化背景下(一定的环境),借助他人(教师和学习伙伴)的帮助,利用必要的学习资源,通过有意义建构的方式获得的。同时,建构主义理论还强调以学生为中心,认为学生是认知的主体,是信息加工的主体,是知识意义的主动建构者,教师的作用应由知识的传授者、灌输者转变为学生主动建构意义的帮助者和促进者。

面对21世纪知识经济的挑战,教育主管部门提出,必须加快我国教育信息化的步伐,并根据各地区经济发展不平衡的现状,分三个层次推进信息化教学。这三个层次分别是:第一,以计算机多媒体为核心的教育技术在学校的普及与运用;第二,组织学校上网,利用网上资源;第三,开办远程教育,提供丰富的学习资源,不断满足人们终身教育的需求。随后,网络教学受到我国教育界的普遍重视,成了发展教育的一大热点,一些有条件的学校纷纷开始利用网络辅助大学英语教学。

（二）网络教学法的构成

笔者认为，网络教学可以实施以实时传播、资源检索、课程测试、教学论坛及休息娱乐几个模块构成的具体形式。

1. 实时传播为教、学者搭建了在线交流的平台，构建自主学习的语言环境类似于网上的"英语角"，学习者可以和教师围绕一个主题的若干部分，融听、说、读、写为一体，开展课内与课外相结合的相关教学，达到知识构建的目的。

2. 资源检索为学习者提供大量的学习资源，包括语言应用及各种考试资料等内容，学习者可以根据各自不同的学习目的寻找自己所需要的资源。

3. 课程测试是教师针对学生设计的通过在线网络进行自我检测相关课程的自主学习效果的模拟考试形式。

4. 教学论坛是学习者进行交流学习内容与学习方法，以及教师为学习者答疑的交流平台。教师和学习者都可以留言，就学习过程中遇到的问题进行讨论与交流。

5. 休息娱乐是教师为学习者提供的一些优秀的外文影视、文学作品或者一些与外语相关的笑话、游戏等，可以让学习者在学习之余体验英语文化，放松心情。

由于网络资源过于丰富，良莠不齐，教师应在学习者进行网络学习的过程中进行适当的管理，同时教师还可以通过学习者的网络学习情况对其进行有效的监督。

（三）网络教学法的特点

网络教学为学习者提供了个性化学习的条件，网络教学软件也能为不同层次不同类型的学习者提供各自的需求空间，能针对不同的学习者选择不同的教学内容、教学手段以及检测评估系统，充分实现个性化学习的目的。利用网络技术，教师对学习者的课外学习情况的了解与监督成了可能。同时，在网络上有针对性地辅导，更能满足学习者的个性化需求并提升学习兴趣，避免了僵化的统一管理模式。同时笔者认为网络教学还具有以下几个显著特点。

1. 网络教学实现了异常丰富的教学资源的共享。网络技术实现了世界范围内的资源共享，地球变小了，人与人的距离拉近了，交流沟通变得更便捷了。网络教学使简便地寻找到丰富的教学资源成为可能，从天文地理到体育娱乐，从文化教育、政治历史到科学技术等，无所不包，这些为英语学习者提供了大量的教学资源。教学可以不再受时间和地域的限制，教育资源缺乏的地区也能借助网络享受同样的教育。

2. 激发了学生学习英语的兴趣。学习是主动的过程，兴趣是最好的老师和助推剂，网络教学中的多种媒介功能的集合，变传统教材的呆板为信息技术的生动情景化。通过图像、文字、声音、动画等，学生在网络教学提供的英语环境下主动积极地去寻找感兴趣的教学资源，提高了学习的趣味性和主动性。

3. 网络教学营造了一种开放的学习环境和自主的学习氛围。网络教学为学生提供了一种新的学习模式，使学生在自己愿意的时间、地点以自己喜欢的方式学习，且不受时间地域的限制，向所有学习者开放。丰富的网络资源为学习者提供了传统教学难以提供的英语语言环境，同时由于网络教学自身的特点，使得学习者可以结合自身情况进行自主学习，学习者在网络空间可以进行自由的双向、多渠道交流。

4. 有利于新型师生关系的建立。教学过程是教与学的结合。自主式教学模式的建立，需要变"以教师为中心"为"以学生为中心"，同时建立新型的师生关系。学生不再是被动的接受者，而是变被动学习为主动求学。教师也不再只是知识的传授者，还应当是教学活动的组织者、管理者、促进者等。师生之间通过网络这个先进技术的平台，除了可以完成知识的传授外，还可以进行学习能力的交流，教师对学生来说亦师亦友，即构建了一个更为和谐的师生关系。

二、微课

（一）微课的含义

微课，顾名思义就是微课程的简称，它是基于教学资源、学生、教师等以某一个主题为模块组织起来的小规模的课程教学过程。微课的形式主要是以视频为载体，教师利用几分钟的时间围绕某个知识点或者教学环节录制教学视频，再对学生开展教学活动。总的来说，微课就是在传统日常教学基础上发展起来的一种新型的教学资源。其课程特点具有一定的控制性，能使学生和教师在短时间内集中解决某一特定的教学行为，或在有控制的条件下进行学习。这样的教学方法适合当前人们的学习环境及学习习惯，有助于实现教学的现代化。

微课教学的推广是需要信息化发展作为保障的。笔者认为，影响微课发展的因素主要有两方面，一是教师，二是学生。教师制作微课是需要一定的技术要求的，由于大部分教师都不是相关专业教师，所以不能较好地掌握拍摄视频等技术。然而，随着信息时代的到来，微课拍摄与制作在硬件和软件上均取得了重要突破。录屏软件录制、摄像工具录制、录播教室录制、专业演播室制作、智能笔录制、专用软件录制、平板设备录制等一系列微课制作工具的研发与利用充分满足了教师日常录制微课的技术要求，从而攻克了教师在微课制作上的技术难关。对于学生而言，要接触到微课就必须有信息化设备，而随着当前电脑、平板设备、智能手机等移动设备的普及，学生可以随时随地地打开自己的移动设备去进行微课学习，从而解决其在学习微课方面的硬件问题，有助于推动微课的发展。

（二）微课教学的特点

首先，微课教学的"微"字就体现了其容量"小"的模式特点。在微课教学中，课程内容主要是针对教师在教学过程中的一些比较重点的细小问题来进行讲解的。以英语语法为例，在传统的教学中，教师会把与一个语法从上到下所有的相关内容在一节课上进行讲授，这就导致了学生的乏味感；而微课教学的内容却不同，它并不是对某一个语法点进行长篇大论，而是将这个语法点里最重点、最实用的知识点进行提取，再以微课的形式向学生进行传授。这样的教学特点更能体现出一个知识点的深度而不是广度。学生如果利用这样的教学方法进行学习，可以更深层次地理解某一个语法问题。同时，由于几节课的教学容量较小，所以又可避免学生觉得太枯燥而听不下去的问题的产生。

其次，微课教学讲究的是教学内容要灵活，即微课教学内容的选取范围相对广泛、内容相对集中。这样的特点对于大学英语的教学也是非常有用的。由于教学内容的选取具有广泛性，在教学中教师可以对大学英语中的多个内容知识进行选取，这就避免了传统教学中的课程单一性的问题。学生在微课学习中可以选取自己感兴趣的知识点进行学习，在短时间内接触到不同的话题，这样的选择多样性也会激发学生的学习兴趣。同时，教师也可以利用微课教学形式与学生共同探讨研究某个问题，使学生也在某种程度上参与到教育教学的过程当中，从而提高其对大学英语的学习兴趣。

最后，微课教学具有选题务实的模式特点。第一，微课教学的选题不会像课本一样，一定要按照某一脉络进行选题，它的选题往往立足于当前的社会需求及热点问题，贴近学校、贴近教师、贴近当代的教育教学实际。换句话说，社会需要什么，学生对什么课题感兴趣，微课教学的内容就可以选取什么。试想一下，如果大学英语的教学内容都是学生感兴趣的内容，他们还有理由不去学好大学英语吗？第二，微课教学在研究过程上也比较务实。微课教学的一个指导思想就是在实践中产生的问题要在实践中解决，它强调的是在教学中进行研究，在研究中进行教学，相较于传统教学方式更注重教育教学实践活动的开展。在大学英语教学中，这样的特点可以大大提高学生在英语学习过程中的参与度，学生可以在自己的实践中获得经验，在这些经验中体现自己的特点，从而进一步提高对于大学英语的学习热情。

第四章 信息化背景下的信息技术与大学英语课程整合

第一节 信息技术与课程整合

尽管信息技术与课程整合在我国已开展多年，但不少教师仍对此缺乏正确的认识。有些教师把信息技术与课程整合看作是现代化教学的一种工具、手段，或是更有效地学习信息技术的一种方式。更多的教师则是把信息技术与课程整合和计算机辅助教学完全等同起来，认为只要在课堂上运用了多媒体或是课件就是在进行信息技术与课程整合。这种看法反映出广大教师对信息技术与课程整合的内涵和实质缺乏了解，也表明他们对于实施信息技术与课程整合的途径与方法缺少了解和掌握。

何克抗教授指出，任何一种关于信息技术与课程整合的理论都必须回答以下三个问题：

一是信息技术与课程整合的目标（意义）是什么？

二是信息技术与课程整合的内涵（实质）是什么？

三是信息技术与课程整合的方法（途径）是什么？

只有对上述三个方面的问题做出科学的回答，并且能够通过教学实践的检验，才能达到深层次整合的要求。下面将从这三个方面，对信息技术与学科课程深层次整合的理论与方法进行探讨。

一、信息技术与课程整合的目标与内涵

（一）信息技术教育应用的发展

自 20 世纪 50 年代末研究出第一个计算机辅助教学系统以来，信息技术教育应用在发达国家大体经历了三个发展阶段。

从 20 世纪 60 年代初至 20 世纪 80 年代中期被称为"计算机辅助教学阶段（CAI）"。

这一阶段主要是利用计算机的快速运算、图形动画和仿真等功能辅助教师解决教学中的某些重点、难点。这些 CAI 课件以演示为主，这是信息技术教育应用的第一个发展阶段。在这一阶段，一般只提计算机教育，还没有提出信息技术教育的概念。

自 20 世纪 80 年代中期至 20 世纪 90 年代中期为"计算机辅助学习阶段（CAL）"。此阶段逐步从辅助教为主转向辅助学为主，强调如何利用计算机作为辅助学生学习的工具，如用计算机搜集资料、辅导答疑、自我测试以及安排学习计划等。这个阶段不仅用计算机辅助教师的教学，而且更强调用计算机辅助学生自主学习，是信息技术教育应用的第二个发展阶段。在这一阶段，计算机教育和信息技术教育两个概念同时并存。应当指出的是，由于我国信息技术教育应用起步较晚，目前大多数高校的信息技术教育应用模式仍然主要是 CAI 阶段，即计算机辅助教学阶段。

信息技术与各学科课程的整合是从 20 世纪 90 年代中期开始的，被称为"信息技术与课程整合阶段（IITC）"。至此，信息技术教育应用进入第三个发展阶段。这一阶段以信息技术应用于教学为显著特征，教学模式发生了重大变化。在这一阶段，原来的计算机教育（或计算机文化）概念已完全被信息技术教育所取代。信息技术与课程整合，是当前国际教育界非常关注的一个研究课题。

（二）信息技术与课程整合的目标

信息技术与课程整合，不是把信息技术仅仅作为辅助教或辅助学的工具，而是强调利用信息技术来创造一种新型的教学环境。该环境应能支持情景创设、启发思考、信息获取、资源共享、多重交互、自主探究、协作学习等多方面要求的教学方式与学习方式，即实现一种既能发挥教师主导作用又能充分体现学生主体地位的，以"自主、探究、合作"为特征的教与学方式，这样可以把学生的主动性、积极性、创造性较充分地发挥出来，使传统的以教师为中心的课堂教学模式发生根本性变革。教学模式变革的主要标志是师生关系与师生地位作用的改变，这种改变使学生的创新精神与实践能力的培养真正落到实处，而这正是我们的素质教育目标所要求的。

西方发达国家把信息技术与课程整合看成是培养 21 世纪人才的根本措施，而 21 世纪人才的核心素质则是创新精神与合作精神。信息技术与课程整合是培养创新人才的重要途径乃至根本措施，其所要达到的目标就是要实现创新人才的培养。这既是我们国家素质教育的主要目标，也是当今世界各国进行新一轮教育改革的主要目标。

（三）信息技术与课程整合的内涵

通过以上对信息技术与课程整合目标的分析可以看到，我们对整合目标的确定，是首先从分析信息技术与课程整合的性质、功能入手的，在把握信息技术与课程整合本质特征的基础上推导出其目标。因此，只要稍加精练与加工，我们就完全有可能从上述关于整合目标的分析过程中引申出关于信息技术与课程整合的定义或内涵。

这一定义或内涵可以表述为：所谓信息技术与学科课程的整合，就是通过将信息技术有效地融合于各学科的教学过程来创造一种新型教学环境，实现一种既能发挥教师主导作用，又能充分体现学生主体地位的以"自主、探究、合作"为特征的教与学的方式，从而把学生的主动性、积极性、创造性较充分地发挥出来，使传统的以教师为中心的课堂教学模式发生根本性变革，从而使学生的创新精神与实践能力的培养真正落到实处。

由这一定义可见，它包含三个基本属性：创设新型教学环境、实施新的教与学方式、改革传统的教学模式。新型教学环境的建构是为了支持新的教与学方式，新的教与学的方式是为了改革传统的教学模式，改革传统的教学模式则是为了最终实现创新精神与实践能力培养的目标，如创新人才培养的目标。可见，整合的实质与落脚点是改革传统的教学模式，即改变以教师为中心的教学模式，创建新型的、既能发挥教师主导作用又能充分体现学生主体地位的"主导—主体相结合"的教学模式。

"环境"这一概念含义很广，教学过程主体以外的一切人力因素与非人力因素都属于教学环境的范畴。所以，上述定义就信息技术在教育领域的应用而言，和把以计算机为核心的信息技术仅仅看成工具、手段的 CAI 或 CAL 相比，显然要广泛得多、深刻得多，其实际意义也要重大得多。CAI 主要是对教学方法与教学手段的改变，没有出现新的学习方式，更没有改变教学模式，所以它和信息技术与课程整合二者之间绝不能画等号。但是，在课程整合过程中会将 CAI 课件用于促进学生的自主学习，所以整合并不排斥 CAI，其目的是运用 CAI 课件作为提供学生自主学习的认知工具与协作交流工具，这种情况下的 CAI 只是信息技术应用于整个教育过程的一个环节、一个局部。而传统的以教师为中心的计算机辅助教学是把 CAI 课件作为辅助教师突破教学中的重点与难点的直观教具、演示教具，这种情况下的 CAI 就是信息技术应用于教育的全部内容。可见，对这两种教学情景下 CAI 课件的运用，其应用方式和内涵实质都是不一样的。

目前从全球教育的发展趋势看，信息技术教育应用逐渐进入第三个发展阶段，即信息技术与课程整合的阶段。进入这一阶段后，信息技术就不再仅仅是辅助教或辅助学的工具，而是要通过建立新型教学环境和教与学方式，从根本上改变传统的以教师为中心的教学模式，以培养学生的创新精神与实践能力为教学目标，即大批培养创新人才的目标。

二、信息技术与课程整合的途径与方法

信息技术与课程整合对我国当前教育深化改革具有重要意义。就高等教育而言，我国教育信息化的硬件设施有了很大的发展，高校的校园网络建设基本上已经在全国范围内普及。

目前国际上普遍认为，只有通过信息技术与课程的有效整合才有可能解决上述问题。信息技术与课程整合的理论必须对信息技术与课程整合的目标、内涵、方法等三方面的问题做出科学的回答，以整合途径与方法，这是信息技术与课程整合理论中最关键的问题。有关专家指出，信息技术与课程的有效整合意味着数字化的学习，而数字化的关键是将数字化内容整合的范围日益增加，直至整合整个课程并应用于课堂教学。当具有明确教育目标且训练有素的教师，把具有动态性质的数字内容运用于教学的时候，它将提高学生探索与研究的水平，从而有可能达到数字化学习的目标。为了创造生动的数字化学习环境，学校必须将数字化内容与各学科课程整合。

从事信息技术教育的学者普遍认为，信息技术应用于教学主要是在课前与课后，包括资料查找以及在学生与学生之间、学生与教师之间进行交流与合作，而课堂教学过程的几十分钟里一般难以发挥信息技术的优势，所以还是要靠教师去言传身教。信息技术应用于课前，是指教师利用这种方式在课前将讲授内容、相关资料、重点难点以及预习要求，事先通过网络发布，使学生在上课前能做好充分准备，若有疑问还可随时和教师进行沟通与交流。基于问题的学习、基于项目的学习、基于资源的学习则属于基于网络的专题研究性学习模式。由于这类模式是围绕自然界或社会生活中的真实问题而展开的，往往是多个学科的交叉、多种知识的综合运用，要进行大量的实际调查、访谈或测量，需要花费较多时间，只能利用课外时间来完成，所以不适合作为课堂上的常规教学模式。

（一）以先进的教育理念为指导

为了实现上述目标，必须运用先进的教育理论，特别是以建构主义理论为指导。信息技术与课程整合的过程绝不仅是现代信息技术手段的运用过程，还是教育深化改革的过程。没有理论指导的实践是盲目的实践，改革必将失去正确的方向。建构主义理论并非能解决教学中的任何疑难问题，但建构主义所强调的"以学为主"，学生主要通过自主建构获取知识意义的教育思想和教学观念，对于传统教学结构是极大的冲击。除此以外，建构主义的学习理论与教学理论以及建构主义学习环境下的教学设计方法，可以为信息技术环境下的教学，也就是信息技术与各学科课程的整合提供强有力的理论支持。

（二）以建立新型的教学模式为中心

在分析信息技术与课程整合的定义与内涵的过程中曾经指出，整合的实质与基础是变革传统的教学模式，即改变以教师为中心的教学结构，创建新型的、既能发挥教师主导作用又能充分体现学生主体地位的"主导—主体相结合"教学模式。这就要求教师在进行课程整合的过程中，密切关注教学系统四个要素（教师、学生、教学内容、教学媒体）的地位与作用，通过课程整合，使这四个要素的地位与作用发生相应的改变，并深入思考以下问题：改变的程度有多大，哪些要素改变了，哪些要素没有改变，没有改变的原因在哪里？这些问题，正是衡量整合效果与整合层次深浅的主要依据。

（三）坚持"学教并重"的教学设计理论

目前，流行的教学设计理论主要有"以教为主"的教学设计和"以学为主"的教学设计两大类，后者也称为建构主义学习环境下的教学设计。由于这两种教学设计理论均有其各自的优势与不足，所以最好是将二者结合起来，形成优势互补的"学教并重"的教学设计理论。这种理论既重视发挥教师的主导作用，又充分体现学生的主体地位。在运用这种理论进行教学设计时，以计算机为核心的信息技术，包括多媒体和计算机网络技术在内，不单单是辅助教师授课的抽象化教学工具，更是作为促进学生自主学习的认知工具与协作交流工具。建构主义学习环境下的教学设计理论，能在这方面发挥重要的指导作用。

（四）重视教学资源的建设

丰富而又高质量的教学资源是实现课程整合的必要前提，是学生自主学习、自主发现和自主探索的必不可少的条件，也是改变教师主导课堂、学生被动接受知识这种状态的要求。缺少了这个前提，新型教学模式的创建便无从说起，创新人才的培养也无法实现。教学资源的建设，要求广大教师努力搜集、整理和充分利用互联网上的已有资源（如免费教学软件等），在确实找不到理想的与学习主题相关的资源的情况下，教师才有必要亲自去进行开发。

（五）注意结合学科的特点

新型教学模式的创建要通过全新的教学结构来实现。教学结构属于教学方法、教学策略的范畴，但又不完全等同于教学方法或教学策略。教学方法或教学策略一般是指教学上采用的单一的方法或策略，而教学结构则是指两种或两种以上教学方法或教学策略的稳定组合。在教学过程中，为了实现某种预期的效果或目标，创建新型的教学模式，往往要综合运用多种不同的方法与策略。当这些教学方法与策略的联合运用总能达到预期的效果或目标时，就成为一种有效的教学结构。能实现新型教学模式的教学结构很多，且因学科和教学单元的内容不同而各异。在实际教学中，教师应结合各自学科的特点，通过信息技术与课程的深层次整合去创建新型的、既能发挥教师主导作用又能充分体现学生主体地位的"主导—主体相结合"教学模式。这种新型的教学模式的类型是多种多样的，是分层次的。常见的实现信息技术与课程深层次整合的教学模式包括探究性教学模式、专题研究式教学模式、仿真实验教学模式等。探究式教学模式适用于各个学科每一个知识点的常规教学，这种模式可以深入地达到各学科认知目标与情感目标的要求。专题研究性教学模式适用于培养学生解决实际问题的能力，包括发现问题、提出问题、分析问题、解决问题的能力。仿真实验教学模式则适用于物理、化学、生物等课程的实验教学。这几种教学模式均有各自不同的实施步骤与方法，如果能将这几种教学模式灵活运用，将有力地促进信息技术与课程设计的深层次发展。

三、信息技术与课程整合在大学英语教学改革中的实践意义

传统的大学英语教学模式，实质上就是以教师为中心的教学模式。在这种模式下，教学系统中四个要素的关系是：教师是主动的施教者、是教学过程的权威，教师通过口授、板书等方式把语言知识传递给学生；作为学习过程主体的学生，在整个教学过程中主要是听讲、记笔记，处于被动接受状态；媒体在教学过程中主要是辅助教师教课，即用于突破教学中重点、难点的演示教具、直观教具；教材是学生获取知识的主要来源，教师讲这本教材，复习和考试都是依据这本教材。这种教学模式的优点是有利于教师主导作用的发挥，有利于教师对课堂教学的组织、管理与掌控等。但是，这一模式的不足就是影响了学生的主动性与积极性的发挥，不能把学生的主体地位很好地体现出来，难以达到理想的教学效果，这正是传统的以教师为中心教学结构的最大问题。

在教学的探索和实践中，将信息技术与大学英语课程整合的教学模式，将会有助于大学英语教学改革进程的推进，提高大学英语教学的效果。学科教学过程涉及三个教学阶段：一是与课堂教学环节直接相关的"课内阶段"，另外两个是课堂教学环节之外的"课前阶段"和"课后阶段"。因此，从最高层次考虑，信息技术与课程整合的教学模式只有两种，即按照所涉及的教学阶段来划分的"课内整合模式"和"课外整合模式"。

第二节　信息技术与英语课程整合的重点

现代信息技术与外语课程的整合是目前外语教育教学改革的制高点、突破口。首先，学与教的活动要在以多媒体和网络为基础的信息化环境中进行，包括多媒体计算机、多媒体课堂网络、校园网络和互联网络等。学与教的活动包括在网上实时讲授、演示、自主学习、讨论学习、合作学习、虚拟实验、创作实践等环节。其次，要对课程教学内容进行信息化处理，使之成为学习者的学习资源，可以通过教师开发和学生创作，把课程学习内容转化为信息化的学习资源，提供给学习者共享，而不仅仅是教师用来演示；还可以把课程内容编制成电子文稿、多媒体课件、网络课程等，教师用来进行讲授或作为学生学习的资源。充分利用全球性的、可共享的信息化资源，如数字化处理的视频资料、图像资料、文本资料等，作为教师开发或学习创作的素材，整合到课程内容相关的电子文稿、课件之中，整合到学习者的课程学习中；还可将共享的信息化资源与课程内容融合在一起，直接作为学习对象，以供学生进行评议、分析、讨论等。最后，利用信息加工工具让学生进行知识重构，利用文字处理、图像处理、信息集成的数字化工具，对课程知识内容进行重组、创作，使信息技术与课程整合不只是向学生传授知识，让学生获得知识，而且能够使学生进行知识重构和创造。

一、信息技术与外语教学整合的目标

信息技术与课程整合的宏观目标可概括为"建设数字化教育环境，推进教育的信息化进程，促进学校教学方式和学生学习方式的根本性变革，培养学生的创新精神和实践能力，实现信息技术环境下的素质教育与创新教育，培养有 21 世纪能力素养的人才"。

（一）在学科教学中渗透信息技术教育，提高师生信息素养

面向素质教育、基于信息技术的课程与教学改革，其根本要点是将培养和发展人的信息素养作为渗透素质教育的核心要素。信息技术与课程的整合，是渗透信息技术教育的基本途径。今天，基于知识与信息的新经济形态已经崭露头角，以多媒体计算机和网络为代表的信息技术取得的飞速发展使"21 世纪是知识信息的时代"成为共识。面对新世纪的挑战，为了实现教育的跨越式发展，我们必须将迅速提高青少年的信息

素养作为渗透整个素质教育的核心要素，将信息素养的培养融入教材、认知工具、网络以及各种学习与教学资源的开发之中，以形成人对信息的需求，培养人查找、评估、有效利用、传达和创造具有各种表征形式信息的能力，并为此拓展对信息本质的认识。

（二）完善拓展课程的学习内容，为多种专业人才的培养打下基础

通过信息技术与课程的整合，可以充实、完善、拓展、提高课程的学习内容，以实现从单一学科知识作为课程内容向逐步形成以高新技术为主体的综合知识型课程内容的转变，提高学生学习兴趣，同时树立学生终身学习的态度和毅力，使之具有主动吸取知识的意愿并能付诸日常生活实践，将学习视为享受，而不是负担；能够让学生独立自主地学习，能够自我组织、制订并执行学习计划，能管控整个学习过程，让学习进行自我评估，从而为社会发展所需要的各种人才的培养打下基础。

（三）培养学生的自我适应、自我生存能力

在信息时代，知识量剧增，知识成为社会生产力、经济竞争力的关键因素；知识的更新速度加快，有效期缩短。另外，知识的高度综合性和各学科间相互渗透，出现了更多的新兴学科、交叉学科，由此带给人们难以想象的社会生活、经济生活、政治生活和人类一切领域内深刻而广泛的冲击和影响。在这种科学技术、社会结构发生剧变的大背景下，自我适应能力、自我生存能力变得至关重要。学校教育中，这些能力可以通过综合学习、研究性学习予以培养。在综合学习、研究性学习中，信息技术的应用占有十分重要的位置，而信息技术与课程的整合是当前综合学习的主要形式。

综上所述，整合的目标是促进外语学科的教学质量，推动外语学科教学目标的实现。也就是说，整合追求的是促进外语学科的教学质量，提高学生学习外语的效果和效率，而不是技术方面的目标。外语课程的总体目标是培养学生的综合语言运用能力。而综合语言运用能力的形成建立在学生语言技能、语言知识、情感态度、学习策略和文化意识等素养整体发展的基础上。整合目标对学生的基本要求为：有较明确的外语学习动力和积极主动的学习态度；能听懂教师有关熟悉话题的陈述并参与讨论；能就日常生活的各种话题与他人交换信息，并提出自己的意见；能读懂相当水平的读物和报纸、杂志，克服生词障碍，理解大意；能根据阅读目的运用恰当的阅读策略；能根据提示起草和修改小作文；能与他人合作，解决问题并报告结果，共同完成学习任务；能对自己的学习进行评价，总结学习方法；能利用多种教育资源进行学习，进一步增强对文化差异的理解和认识。整合就是要将信息技术的应用毫无痕迹地融合在课堂教学中，促进更好、更快、更多、更省地完成上述任务和要求。只有在此基础上，才能追求发展性的培养目标（培养和提高学生的信息素养，不仅限于技术操作），将发展性目标统一在基础性目标的实现过程中，并与之协调发展，而不能本末倒置。

二、信息技术与外语教学整合的前提

整合要结合外语学科特点和学生心理特点。在整合的过程中，要依据外语学科特点和学生生理、心理特点剪裁和组合信息技术，安排课堂内容结构，运用教学策略和设计活动等。首先，外语课程的学习是学生通过外语学习和实践活动，逐步掌握外语知识和技能，提高语言实际运用能力的过程，其中，听、说、读、写是一个有机整体。因此，在课堂中，我们应该改变传统的过多重视语法和词汇知识讲解的做法，采用任务驱动的途径，把听、说、读、写和译的各种技能结合起来，并把它们统一在具体的问题和任务中，让学生在做中学、在做中用。其次，根据对外语学习认知过程的分析来设计课堂教学的各个环节、步骤和活动等。利用信息技术来激发学生的兴趣，用任务激发学生的探究热情，用个性化的学习让学生独立思考，用协作学习让学生进行交流、运用和建构。当然，我们还要尝试着根据学生爱说爱动、善于模仿、记忆力强，有强烈的竞争意识和表现欲，喜欢将学到的语言材料随时运用到对话、叙述和表演中的特点，来设计开展丰富多彩的课堂交际活动，以便于学生边学边练，学用结合，使所学语言材料能够在运用中获得巩固和提高。

三、信息技术与外语教学整合的条件

整合是需要条件的，要在以多媒体和网络为基础的信息化环境中实施。它不同于过去研究的视听技术支持下的、多种媒体在教学过程中优化组合应用的整合，而是指学与教的活动要在信息化环境中进行，包括多媒体计算机、多媒体课堂网络、校园网络和互联网络等。当然，不应是为了用技术而用技术，而应在现有的条件下，充分发挥信息技术的优势为学生创造出理想的学习环境，促进教学方式、学习方式和教学结构等的一系列转变。实践证明，信息技术在外语教学中有以下优势。

（一）语言学习环境自然、真实

信息技术能够创造自然而真实的语言学习环境。集成性是多媒体技术的关键特性之一，它可以将文字、声音、图形、动态图像有机地集成在一起，并把结果综合地表现出来。与课本、录音带等教学媒体相比，多媒体计算机能提供更为真实、更接近自然的语言输入，提供情景性更强、更生动活泼的语言教学，从而激发学生的兴趣和学习动机。再加上多媒体技术与网络的结合不仅可以提供来源和表现形式多样化的外语输入量，而且还可以为学习者创造丰富、自然的目标与环境，让他们在真实的环境中学习和接受挑战性的学习任务，促进学习形态由低投入（被动型）转向高投入（主动型）。这对于学习者发现语言规律、建构自己的语言系统都是非常重要的。

（二）丰富的资源有利于自主学习

多媒体与网络能够提供丰富的教学资源，引导学生自主学习。借助多媒体计算机和网络的海量存储，每个学生都能很容易得到比以前任何时候都多的信息。各种新型教学资源补充、扩展了传统的教学资源，使学生获得了更多的学习机会。不仅如此，很多计算机软件还能够提供友好的交互界面，针对语音、听力、词汇、阅读、写作等语言技能提供练习任务，并给予相应的反馈和指导。通过人机对话的方式，学生可以自主地探究学习。这样，一方面可以扩大课堂的信息容量，从而增大训练的广度、密度和深度；另一方面也有利于因材施教和个别化的教学，更有利于培养学生的学习兴趣，使其找到获取知识的最佳途径，获得最佳的学习效果，这是传统的课堂教学所不能比拟的。另外，超文本技术实现了信息的非线性组织，各种信息之间有丰富的连接，构成了立体的信息空间。因此，学生可以按照自己的思路来学习，以更好地适应每个学生的学习风格和学习进度。借助这一潜在优势，教师和学生可以进行教学演示，让学生通过多种感官获得丰富的体验，而且可以对演示过程进行自主控制；促进知识的直观化和可视化，促进学生对知识的深入加工；获取丰富的、不同类型的信息，丰富、扩展对学习主题的理解；表现自己的感受、知识、见解等。

（三）更好地体现了素质教育

计算机和网络使素质教育在外语教学中得到了更好的贯彻和落实。一方面，在计算机和网络所创设的真实、自然的语言学习环境中，学生不仅满足了个人兴趣，在生动活跃的氛围中感受和体验到了特定的语境和标准的语音、语调，从而更好地掌握所学内容，而且还陶冶了情操，开阔了视野，了解了外国的风土人情和文化，进而提高了跨文化交际能力。另外，在和同伴的直接交流中，还可以发挥创造思维能力和合作能力，让他们充分地学以致用，解决实际问题。另一方面，外语学习是多种感官的协同学习，掌握一门语言必然是听、说、读、写、译诸方面能力的综合运用，计算机和网络不仅可以兼顾这些方面，而且可以达到比传统教学手段更好的效果，从而全面提高学生的素质。

四、信息技术与外语教学整合的关键

整合就是要建立一种新型的教学结构。在整合中，不是仅仅把信息技术作为辅助教或辅助学的工具，而是强调利用信息技术创造一种理想教学环境，通过教师—学生—

信息技术—教学资源有机融合和持续互动，建立起教师主导、学生主体的新型教学结构，以实现一种能充分体现学生主体地位的以"自主、探究、合作"为特征的新型学习方式，切实促进外语教学的改革。这是我们整合的关键。要通过新的师生关系、新的学生关系和新的学习工具，为学生创造大量学习、实践、思考的机会，让学生去发现和利用当前的信息和资源（包括师生、生生、生机之间的互动交流所获得的），并用所学知识和技能解决较为复杂和真实情景中的"开口"和"对话"，让学生实质性地参与教学过程，真正地做到"为用而学，在用中学，学了就用"。

第三节　信息技术与大学英语课程的课内整合

信息技术与课程整合的教学模式是"课内整合教学模式"和"课外整合教学模式"。"课内整合教学模式"分类比较复杂，根据选用教学策略的不同，"课内整合教学模式"原则上可以分为自主探究、协作学习、演示、讲授、讨论、辩论、角色扮演等多种类型。其中，探究式教学模式是指在教学过程中要求学生在教师指导下，通过以"自主、探究、合作"为特征的学习方式对当前教学内容中的主要知识点进行自主学习、深入探究，并进行小组合作交流，从而较好地实现课程标准中关于认知目标与情感目标要求的一种教学模式。探究式教学模式的基本特征用一句话概括为：既重视发挥教师在教学过程中的主导作用，又充分体现学生在学习过程中的主体地位。

本节笔者将对目前影响较大的信息技术的课内整合教学模式—探究式教学模式进行介绍和分析，讲述其产生的背景、内涵与特征、实施步骤等，并结合这种整合模式在大学英语教学中的实施案例，探讨信息技术在大学英语教学中的课内课外整合模式的目标、内涵和实现的途径。本节的主要目的是帮助广大大学英语教师更深入地理解，如何在建构主义理念下，将探究式教学模式运用在大学本科高年级阶段双语课程的教学实践中。

一、建构主义理念下的探究式教学模式

建构主义教学观有别于传统的教学观。传统教学观认为，教育的目的是把前人所获得的知识传授给学生，师者只要传道授业便完成了使命，学生只是知识的被动接受者。建构主义教学观认为，学习过程是以自身已有的知识和经验为基础的建构活动，

教师应该以此为终极教学目的，辅助学生完成知识建构。因此，基于建构主义教学观所设计的主体学习活动是动态的，设计中应充分利用主体已有的知识积累和学习经历与经验。主体已经形成的人生观和世界观也会对知识建构产生影响，在教学活动设计的过程中也应该最大限度地考虑到学生在这方面所呈现的个体差异，在探究知识的过程中培养学生的批判性思维。对学生知识的评价体系应该建立在问题解决过程中，以学生对事物的理解和解决问题的能力作为衡量的标准。将传统的教师决定式或灌输式教学模式转化为开放式，使教学活动的每个环节都有学生主体的参与，学习质量好坏不仅是学生知识积累的多寡，更多的是学生外化知识能力的提升。换言之，学生获得知识的多少不再取决于学生死记硬背教师讲授内容的能力。在教学过程中，教与学不再只是简单的知识的传输和接收过程，而是包含了教师与学生之间的互动、学生与学生之间的互动，以及学生主动探索、不断构建新知识体系的过程。

建构主义学习观认为，学习不是信息简单地从外到内的单向输入，而是通过新信息与学习者原有的知识经验双向的相互作用实现的。因此，基于建构主义学习观的教学活动设计还应包括学习者与学习环境之间的互动。学习应该通过学习者的高水平的思维活动来实现，而不是简单沿着记忆的流程进行。学习者需要建构关于事物及其过程的表象，但这种知识建构不是原封不动地搬运知识，而是应用已有的认知结构对新信息进行加工而完成的。在这个知识学习、整合、内化过程中，每个学习者都以自己原有的经验系统为基础，对新的信息进行认识和编码，以建构新的认知体系。在这一过程中，原有知识由于新经验的介入而发生调整和改变。因此，建构主义所倡导的学习，不再是教师向学生简单传递知识，而是学生主体建构自己知识的过程。学生不再是被动的信息接收者，相反，学生要在主动改造和重组原有经验的基础上建构新信息的意义，这种建构不可能由他人代替。学生学习的主要任务不再是对各种事实性信息的记忆、复述和简单应用，而是在教师指导下主动地、有意义地对外部信息进行选择和加工，搜集并分析有关的信息和资料，进而对所学习的问题提出各种假设进行验证、评价甚至批判。

基于建构主义理论的探究式教学过程以学生为主体、以学生发展为本、以教师为主导，无论是对教师，还是对学生，都提出了更高的要求。这就要求学生必须保证课后的时间及精力投入。建构主义教学理念强调情景学习，目的之一就是让学生融入学习的情景中，主动观察、模仿情景中所包含的知识与技能，进而培养独立思考的能力，以解决实际面临的各项问题。在建构主义理念下，作为探究问题的学习者要有一个由"边缘"到"核心"的转变，这个过程就是学生自主能力提升的过程，符合情景学习理论的边缘参与规则。探究式教学要求学生勤于思考、发表独特见解、有创新精神，要求学生课后不断反思，迫使学生形成反思能力、形成科学的学习方法。

多数学者认为，学习方式是指学生在完成学习任务过程中的基本行为和认知取向。可以说，学习方式是当代学习理论中的一个重要概念，它不是指具体的学习方法和学习策略，而是指学习者在学习过程中发挥自主性、探究性与合作性方面的基本特征。传统的学习方式把学习建立在人的客体性、被动性和依赖性的基础之上，而忽视了学习者的主动性、能动性和独立性。转变学生的学习方式就是要转变这种他主的、被动的和依赖的学习方式，倡导自主的、探究的与合作的学习方式，使学生的主体意识、能动性和创造性不断得到发展，并真正成为学习的主人。

2007 年教育部高教司发布的《大学英语课程教学要求》指出，各高校应充分利用现代信息技术，改进以教师讲授为主的单一教学模式，使英语的教与学可以在一定程度上不受时间和地点的限制，朝着个性化和自主学习的方向发展。新的教学模式应体现英语教学实用性、知识性和趣味性相结合的原则，有利于调动教师和学生两个方面的主动性，尤其要体现学生在教学过程中的主体地位和教师在教学过程中的主导作用。教学模式改革的目的之一是促进学生个性化学习方法的形成，和学生自主学习能力的发展。新教学模式应能使学生选择适合自己需要的材料和方法进行学习，获得学习策略的指导，逐步提高自主学习的能力。为此，明确倡导要在大学英语教学中推进以"自主、探究、合作"为特征的学习方式，从而改变传统的以教师为中心的教学模式。2010 年，《国家中长期教育改革和发展规划纲要（2010—2020 年）》（以下简称《纲要》）明确指出，要深化教育体制改革，改革人才培养体制，提高人才培养水平，创新人才培养模式。在此基础上，《纲要》进一步明确创新人才培养模式，即在遵循教育规律和人才成长规律的前提下，深化教育教学改革，创新教育教学方法，探索多种培养方式，形成各类人才辈出、拔尖创新人才不断涌现的局面，为此要倡导启发式、探究式、讨论式、参与式教学，帮助学生学会学习，注重学思结合。在教学过程中，教师要激发学生的好奇心，培养学生的兴趣爱好，为学生创造独立思考、自由探索的良好环境；同时，要充分发挥现代信息技术作用，促进优质教学资源共享，引导学生深入研究，并确定不同教育阶段学生必须掌握的核心内容，以形成更新教学内容的机制。在上述背景下，探究式教学模式为我国教育界日益熟悉和接受，越来越多的高校教师开始将这一教学模式运用到不同学科专业课程的教学实践中。

探究式教学模式对传统的以教师为中心的单纯以讲授为主、学生被动接受的教学模式提出了挑战。教学模式的改变不仅是教学方法和教学手段的变化，而且是教学理念的转变，是实现从以教师为中心、单纯传授语言知识和技能的教学思想和实践，向以学生为中心，既传授语言知识与技能，更注重培养语言实际应用能力和自主学习能力的教学思想和实践的转变，也是向以培养学生终身学习能力为导向的终身教育的转变。探究式教学模式的学习对象（即学习主题）是课文中的某一个或几个知识点，这与课外整合模式中的研究性学习教学模式有着本质上的不同，因为研究性学习教学模式的学习主题总是围绕自然界或社会生活中的某个真实问题而进行。由于任何课程的教材都是由一篇篇的课文组成，而每篇课文又总是包含一个或几个知识点，这就表明信息技术与课程整合的几乎所有日常教学活动（包括各种不同学科的常规课堂教学活动）都可以采用这种模式。事实上，探究式教学模式目前已经成为能满足各学科常规课堂教学需要的、最有效、最常用的课内整合模式之一。

二、探究式教学模式的内涵与特征

认知目标涉及与学科相关的知识、概念、原理与能力的理解和掌握；情感目标则涉及感情、态度、价值观与思想品德的培养。在实施信息技术与课程深层次整合的过程中，各学科知识与能力（如阅读、写作、计算、看图、识图、实验以及上机操作等能力）的培养，以及健康情感、正确价值观与优秀思想品德的形成，都可通过探究式教学模式逐步落实。探究式教学模式的特点和优势具体表现在以下两个方面。

1. 教师的主导作用

尽管探究式教学模式主要采用"自主、探究、合作"的学习方式，在教学过程中强调学生的自主学习和自主探究，但是它并不忽视教师在教学过程中的主导作用。相反，它通过下面四个角色使教师的主导作用在整个教学过程中得到全面发挥。

（1）学习动机的激发者。探究式学习的对象要由教师确定。探究式模式的教学总是围绕课程中的某个知识点（即探究式学习的对象）而展开，到底是哪个知识点，并不是随意确定的，更不能由学生自由选择，而要由教师根据教学目标的要求和教学的进度来确定。同时，教师应适度激励学生以高涨的热情和主动性参与活动，如考虑学生学业素质、兴趣、需要等，适时适度给予学生必要的个性化指导，营造相互信任、支持和帮助的学习气氛，并鼓励学生全身心投入到探究学习活动中。

（2）学生自主学习和协作学习的组织者。即教师要给学生提出若干富有启发性、能引起学生深入思考并与当前学习对象密切相关的问题。在学习的对象确定之后，为了使探究性学习切实取得成效，还需在探究之前选择或设计教学的探究策略，如根据具体情况采用"支架式"策略、"抛锚式"策略、"随机进入式"策略等，启发和引导学生进行探索、发现规律，帮助学生在自主学习中完成知识建构。同时，教师要设计多种交互形式，如竞争、辩论、伙伴合作、问题解决、角色扮演等方式，组织学生开展合作学习。

（3）学习环境和资源的设计者。在探究过程中教师要为学生提供多方面的帮助与指导，以便学生可以带着问题进行探究。这一过程固然是由学生个人或学习小组去实施完成，但教师的作用也是必不可少的：教师应该为学生的探究活动设立积极的学习情景（如吸引、情景、学业三种内容的设计）、新旧知识的联系线索、帮助构建新知识、精选设计组织和传递学习资源，甚至需要提供有关的探究工具，指导和引领学生正确高效地使用相关的教学资源（如图书馆中的专业数据库），以及对探究式学习中的方法、策略做必要的指导。如果这方面的学习支持与指导不落实、不到位，将会挫伤学生的学习信心与学习积极性，使探究性学习的效果大打折扣，甚至完全落空。

（4）探究过程的评价者。探究过程完成后教师要对学生的探究过程进行评价和反馈，帮助学生进一步总结与提高。按照探究性学习的流程，探究过程结束后一般要先由学生个人或学习小组做总结，教师一般不会直接给出总结。学生通过一次探究性学习尽管能取得不小的收获，但他们毕竟是初学者，总结起来难免有片面甚至错误之处。通过全班的讨论交流，集思广益，取长补短，在一定程度上可以克服这些片面甚至错误之处。但是如果希望全班学生都能对当前的学习对象由此达到比较深入的理解与掌握，即对所学的知识点都能从感性认识上升至理性认识，做到不仅知其然，而且知其所以然，还需要教师的帮助。其原因是教师毕竟对整门课程的内容和知识有比较全面透彻、深入细致的把握。

2. 学生的主体地位

根据建构主义理论，在探究式教学活动中必须确保学生的主体地位。换言之，学习是否有成效取决于学生在学习过程中的主体地位是否获得了保障。探究式教学模式因为采用"自主、探究、合作"的学习方式，所以在教学过程中特别强调学生的自主学习和自主探究，以及在此基础上实施的小组合作学习活动。一节课的教学目标主要靠学生个人的自主探究，加上学习小组的合作学习活动来完成。由于在此过程中学生的主动性、积极性、创造性都能普遍地得到比较充分的发挥，因而这种教学模式不仅可以较深入地达到对知识技能的了解与掌握，而且更有利于创新思维与创新能力的形成与发展，即有利于创新人才的培养。一般来说，学生的主体地位是通过这些角色得到体现的：第一，自主学习者；第二，探究发现者；第三，团体合作者；第四，积极参与者；第五，自我评价者；第六，观点分享者；第七，知识的生产者和思想的贡献者。以教师为主导、学生为主体的课堂是能够焕发生命活力的课堂，学生在这样的课堂中积极参与，表现主动专注，学习的目标性强。综上所述，"主导—主体相结合"的教学关系，是探究式教学模式最本质的特征。这种教学模式的成功实施涉及两个方面，既要充分体现学生在学习过程中的主体地位，又要重视发挥教师在教学过程中的主导作用。离开其中的任何一方，探究性学习都只能是虎头蛇尾、无功而返、无果而终。

三、探究式教学模式的实施步骤

探究式教学模式通常包含下面五个实施步骤。

第一步，创设情景。创设情景不仅是教师教学主题的需要，也是激发学生的学习动机和自主探究动机的需要。教师创设情景的方法多种多样，可以设置一个待探究的问题，而此问题的解决需运用当前所学的知识；也可以播放一段与当前学习主题密切相关的视频录像、举一个典型的案例、演示专门制作的课件、设计一场活泼有趣的角色扮演。当然，所有这些活动都应有一个先决条件，即必须与当前的学习主题密切相关，否则达不到创设情景的目的。教师通过上述各种方法创设能激发学生学习动机并探究动机的情景，学生一旦进入教师创设的情景，就可在情景的感染与作用下形成学习的心理准备，并产生探究的兴趣。

第二步，启发思考。在学生被创设的情景激发起学习兴趣并形成学习的心理准备之后，教师应及时提出富有启发性而且能涵盖当前教学知识点的若干问题，切忌提出一些有明显答案或明知故问的问题。让学生带着问题去学习和了解有关的知识和技能时，这一过程也就是学生主动高效地完成当前学习任务的过程。在问题思考阶段，教师对于学生应当如何解决问题、利用何种认知工具或学习资源来解决问题，以及如何处理在探究过程中遇到的新问题等，都应给出具体的建议和指导；学生则要认真分析教师所提出的问题，明确自己所需完成的学习任务，并通过全面思考以形成初步的探究方案。

第三步，自主学习与自主探究。在实施这一步骤的过程中，学生要利用教师提供的认知工具和学习资源，或者利用在教师指导下从网上或其他途径获取的工具和资源，围绕教师提出的与某个知识点有关的问题进行自主探究。这类自主学习与自主探究活动包括学生利用相关的认知工具去收集与当前所学知识点有关的各种信息；学生主动对所获得的信息进行分析、加工与评价；学生在分析、加工与评价的基础上形成对之前所学知识的认识与理解，即由学生完成对当前所学知识意义的自主建构。在学生进行自主学习与自主探究的过程中，教师应密切关注学生的学习与探究过程，并适时地为学生提供如何有效地获取和利用认知工具、学习资源及有关学习方法策略等方面的指导。

第四步，协作交流。为了进一步深化学生对当前所学知识意义的建构，教师应在学生自主探究的基础上，组织学生以讨论的形式开展小组或班级内的协作与交流。通过共享学习资源与学习成果，在协作与交流过程中进一步深化学生对当前所学知识的认识与理解。教师在此过程中应为学生提供协作交流的工具，同时要对如何开展集体讨论、如何面对小组成员的分歧等协作学习策略做适时的指导，而且在必要时也应参与学生的讨论和交流，不能只做场外指导。协作交流的过程不仅是学生深入完成知识与情感内化的过程，也是学生了解和掌握多种学习方法的过程。

第五步，总结提高。总结提高是实施探究式教学模式的最后一个步骤，其目的是通过师生的共同总结，补充和完善全班学生经过自主探究和协作交流之后，对当前所学知识的认识与理解方面仍然存在的不足，以便更全面、更深刻地达到与当前所学知识点有关的教学目标的要求。在实施这一步骤的过程中，学生的活动包括讨论、反思、自我评价、相互评价；教师的活动包括点评学生的学习情况、提出与迁移拓展有关的问题并创设相关情景、对当前所学知识内容进行概括总结，以帮助学生了解当前所学知识点与其他相关知识点之间的内在联系。对于提出与迁移拓展有关的问题，可以要求学生应用所学知识去解决某个问题，也可以要求学生应用所学知识去完成某件作品。

第四节　信息技术与大学英语课程的课外整合

前面对课内整合教学模式进行了介绍，本节将对信息技术的课外整合教学模式——研究式教学模式做重点介绍。

信息技术的迅猛发展，直接影响着传统的大学英语教学模式，也直接影响着信息技术与大学英语课程的课外整合教学模式。为此，进一步探讨信息技术与大学英语课程的课外整合模式，即研究性学习教学模式的意义重大。

一、建构主义理念下研究式学习教学模式的内涵与特征

建构主义提倡在教师指导下的以学习者为中心的自主学习。此种学习既强调学习者的认知主体作用，又不忽视教师的指导作用。教师是意义建构的帮助者和促进者，而不是知识的传授者与灌输者；学生不再是外部刺激的被动接受者或被灌输的对象，而是对信息实施加工处理的主体，是意义建构者。建构主义提倡在教与学的过程中用系统分析、共享方法和深层阐释法去分析和解决问题，旨在用"全新科学模式"取代传统的教与学的方法，注重用辩证的方法进行教与学。

（一）研究式学习的定义

研究式学习是学生在教师指导下，从自然、社会或生活中选择、确定专题进行研究。在研究过程中学生主动实施获取知识、应用知识、解决问题的学习活动。研究式学习是以问题为载体，以小组合作为形式，在活动过程中创设一种类似于科学研究的情景，让学生通过自己收集、分析和处理信息，感受和体验知识产生和形成的过程，培养学生发现问题、分析问题、解决问题的能力。作为一种学习模式，研究式学习不同于接受式学习，它具有自主性、交互性、实践性、开放性等特征。设置研究式学习的目的在于改变学生以单纯地接受教师传授知识为主的学习方式，为学生创造开放的学习环境，提供更多的获取知识的途径，鼓励学生将学到的知识进行整合、消化、吸收，最终应用于客观实践。在此过程中，教师还要注重培养学生的创新精神和实施能力。

（二）研究式学习的特征

研究式学习是 20 世纪 80 年代末，在我国教育界广泛推崇和实施的一种学习策略和学习模式。研究式教学指的是在建构主义教学思想指导下进行的一种教学和学习方法，要求在教学过程中，教师用科学的方法指导学生以研究的方法进行学习，并在教师指导下，学生充分发挥优势去掌握知识，运用知识解决实际问题。同时，研究式教学模式要求教师具有创新思维和科学施教的本领，引导学生主动去发现问题、分析问题、解决问题等，培养学生创造性学习的能力。目前，研究式学习归纳起来有以下七个特征。

1. 强调学习的自主性

研究式学习强调学生的自主学习。学生可以根据自己的兴趣、爱好、个性、特长自主选择研究课题，自主进行课题研究，自主完成研究成果，自主交流与分享。在整个学习过程中，学生始终享有高度的自主性。学生是课题的提出者、设计者和实施者，而教师仅作为合作者、参与者、指导者和促进者存在。

2. 强调学习的交互性

研究式学习具有互动性，这种互动性是由研究课题和研究方式交互作用生成的，不同的研究课题和研究方式会生成不同的研究内容。交互性体现为师生之间、学生之间的互动，教师和学生在互动中共同完成学习任务和学习内容的建构。

3. 强调学习的开放性

研究式学习把学生置于动态、开放、主动、多元的学习环境中，打破了封闭式的学习状态，鼓励学生走出课堂，步入社会。这种开放式的学习，体现为活动过程、目标内容、问题解决、学习环境的开放性以及多元性和动态性，为学生提供了更多的获取知识的方式和渠道。

4. 注重学习的实践性

研究式学习以学生的直接经验为基础，以丰富学生的直接经验为目的，让学生自己动手实践，在实践中学习，在学习中实践。在活动过程中，学生通过查阅资料、社会调查、亲手实验、走访、实地考察等多种途径，获得各种有价值的信息，收获直接经验和亲身体验。

5. 注重过程及学生的体验

研究式学习注重研究的过程，而不注重研究的结果；注重学生的意识、精神、创造性的培养，而不注重现成的结论。研究式学习以活动的过程作为个体存在与发展的基本形式，强调学习活动化、活动过程化、过程体验化。学生个体的发展不是被动接受，而是主动汲取，应该积极自主地完成建构过程。

6. 强调师生间的平等

研究式学习要求教师为学生创设轻松、融洽和愉悦的学习环境，使学生在学习过程中获得一个发现世界、探索世界的宽松环境，让他们主动思考，勇于问，敢于想，善于做。师生关系平等有助于双方感悟彼此的思维方式及看待问题的角度，增进了解，互相促进，共同提高，共同进步。

7. 促进创造性与潜在性的统一

研究式学习与传统学习的最大区别就是其可以培养学生的创造性和创新意识。研究式学习是一个能动的创造性的学习活动，能够极大地激发教师和学生的创造热情，调动他们的积极性和主动性。教师注重的不再是知识的简单复制、粘贴以及对学生机械的灌输。学生注重的也不再是死记硬背教师传授的"金科玉律"，或是从书本中寻找现成的"标准答案"，而是经过思考、探究、综合运用相关理论知识，将理论知识与实践有机结合，充分发挥自己的想象力、创造力，寻求带有主观能动性的解答。研究式学习是具有主观能动性和创造性的学习，它能够帮助学生形成发散性思维，激发教师和学生的创造热情及学习的积极性和主动性。

二、研究式学习教学模式的实施步骤

建构主义认为，学习是获取知识的过程，是学习者在一定的情景即社会文化背景下，借助他人（包括教师和学习伙伴）的帮助，利用必要的学习资料，通过意义建构的方式获得知识，而不是通过教师传授得到知识。建构主义教学实质上是一个研究和再发现的过程，通过不断研究和再发现达到学习的目的。要达到学习的目的，就要有科学的学习方法。

建构主义理论强调以学生为中心，要求学生身份由外部刺激的被动接受者和知识的灌输对象转变为信息加工的主体、知识意义的主动建构者，而且要求教师身份由知识的传授者和灌输者转变为学生主动建构意义的帮助者和促进者。这意味着教师应当在教学过程中采用全新的教学模式，摒弃传统的、以教师为中心的教学方法，采用全新的教学方法，运用全新的教学设计理念，创设适应建构主义理论需求的学习环境、教学模式、教学方法和教学设计等。建构主义理念下的研究式学习教学模式通常包含以下五个实施步骤。

（一）提出问题

在此环节中，教师通过创设问题情景激发学生学习与研究的兴趣，并由此引出当前研究式学习的主题——自然界或社会生活中有待解决的某个真实问题。

（二）分析问题

在此环节中，教师应该首先向学生介绍分析问题的方法，如由表及里、由浅入深、由近及远、透过现象看本质、客观事例归纳、换位思考、用两点论而非一点论看问题等诸多方法；然后再根据问题的性质和研究的需要教给学生相关的研究方法，如问卷调查法、文献调研法、案例收集法等，并对研究式学习的策略给出具体建议与指导。由于研究式学习的对象是自然界或社会生活中的真实问题，一般都比较复杂，因此在此环节中，学生在"同化"与"顺应"过程中时，教师应随时提供学生引导和帮助。

（三）解决问题

这一步骤通常包括两个子环节：提出解决问题的初步方案和优化解决问题的方案。在这个环节中，研究式学习的研究主体，可以是学习者个人进行自由探索和自主学习，即"自我协商"；也可以是学习小组集体进行探索和研究，即"相互协商"。通常情况下，提出解决问题的初步方案这个子环节由学习者个人在深入分析问题的基础上自主完成，第二个环节——优化解决问题的方案通常是学习小组成员会话与协作的成果。

（四）实施解决问题方案

为了节约学习成本，避免浪费，在实施解决问题方案的过程中，一要注意做好形成性评价，及时收集反馈信息，并经常进行反思；二要根据真实问题的实施情况，随时调整或修正解决问题的方案。

（五）总结提高

研究式学习的总结包括个人总结、小组总结和教师总结。小组总结应以个人总结为基础。教师总结应以个人和小组总结为基础，教师需要帮助学习者把对客观事物的认识由感性上升到理性，丰富与完善他们对科学概念与原理的认识，培养学习者全面、系统、完整地认识和理解问题的能力，使每位学习者都能做到知其然，更知其所以然。

研究式学习是对建构主义教学方法中抛锚式教学法的发展与完善，是建构主义理论广泛应用的产物。开展研究式学习，需要建构主义理论的指导。反之，研究式学习实践又会进一步完善建构主义理论体系，并为建构主义理论广泛应用提供实践基础。

三、对研究式学习教学模式下英语教学的反思

研究式学习的教学过程，使笔者和学生都获益匪浅。以内容为依托的研究式学习一改传统教学模式的教师主体地位，激发学生的主体意识，使学生从始至终积极参与学习。由于研究式学习注重学习过程，学习过程中学生持续进行联系与思考活动，把"新""旧"知识进行"同化"和"顺应"，结果是学生的创新思想和思辨能力得到强化，形成多视角、多元化、自主性的思考习惯。开展研究式学习需要学生之间相互分工与协作，通过课内外的协作性学习，学生的团队合作意识得到加强，人际沟通能力得到提升。这些能力的养成对于学生毕业之后尽快融入社会环境、建立良好人际关系、顺利开展工作是十分有益的。以下是笔者针对研究式学习教学模式的实践所进行的反思，从几个不同的方面分析和探讨这一教学模式在实践过程中需要注意的问题和环节。

（一）教学观念的转变和教师角色的定位

研究式学习教学模式与传统的以教师为中心的教学模式有很大不同，其强调以学生为中心，提倡学生在教师指导下的自主学习。要改变学生的学习方式，就要求教师的教育观念和教学行为必须转变，这是开展研究式学习的前提。为此，教师需要重新调整自己的角色，与学生建立平等的关系，为学生创造宽松、自由、民主、协作的学习环境，这是取得良好学习效果的保证。教师要把学生置于学习的主体地位，树立服务于学生的意识，创设能够引导学生主动参与的学习环境，调动学生的学习积极性。教师在备课过程中也应该时时想着学生，从学生的水平、视角出发设计问题，引导学生开展学习研究。研究式学习对教师备课质量、内容要求更高，教师备课的重点是"备学生"而不是"备书本"。

（二）学生的中心地位和自主学习

为了确保研究式学习的顺利进行，教师在教学中要做到以学生为中心，不断提高学生自主学习的能力，对学生要有全面细致的了解，这样才能在学习过程中从各个层面为学生提供细致入微的引导和帮助，并对学生的研究式学习给予充分的支持。

以笔者研究的旅游英语课程为例。这门面向旅游英语专业三年级学生开设的专业英语课程采用全英语授课形式，以内容为依托，以英语为教学工具，以原版教材为核心教学内容。由于这门课程既要求学生掌握旅游专业知识，又要提升他们的英语水平，因此学生面临着专业内容学习和外语学习的双重困难。课程讲授的初始阶段，学生存在的畏难情绪较为突出。为了帮助学生应对课程初始阶段的困难与压力，笔者根据每一个章节的内容特点，设计出导读内容，对于较为抽象、专业性强或容易产生歧义的概念先进行详细的介绍与分析，以帮助学生解决他们自己无法独立解决的学习困难，然后再布置需要研究的问题，开展小组学习，并组织讨论。同时，笔者会向学生推荐与研究问题相关的经典著作和重要文献，供学生研究学习，帮助学生对课堂专业内容进行巩固与延伸。

在学习的过程中，很多学生对自己的外语能力信心不足，害怕学习内容难度过大，担心在学习材料中遇到大量生词、句法结构复杂难懂等问题。了解到这一情况后，笔者利用两周的授课时间，首先对本门课程进行宏观介绍，对一些国际政治专业领域常用的、学生感到陌生的英语专业词汇、短语进行集中讲解，把国际政治理论中常见的概念用英文加以介绍和分析，厘清彼此之间的关系。之后，笔者又选择一两篇较有代表性的英文专业文章，提前发给学生进行课下自主研读，等待下一次上课时围绕该文章的内容展开讨论，讨论的内容主要涉及"是什么"和"为什么"的问题。

事先用英语对专业内容和相关概念进行讲解和分析，使学生从专业知识和英语语言知识方面做好了准备，对于这门课程的畏难情绪明显减少，为接下来的课程学习铺平了道路。

上述学习和讨论也为笔者了解学生的英语语言水平提供了很好的机会。笔者根据学生运用英语交际的能力和语言水平，把全班学生按照英语语言水平进行分组，确保每个小组的语言水平基本相近，各组内学生的语言水平高低基本平衡，这样做的好处是有利于后续自主性研究学习顺利开展。可以说，研究式学习方式能否取得成功在很大程度上取决于教师对学生的了解程度。

以学生为中心还体现在每个学生在学习过程中受到关注与帮助的多少。笔者在教学实践中发现，研究式学习方式适合于小班授课。如果班级过大，学生数量过多，就难以保证每个学生都有平等的机会参与到同一个教学内容的全部探究过程，那么就容易在学生中形成"中心"和"边缘"地带。这是因为学生的语言和知识水平存在差异，好学生在学习中会表现得更加积极主动，这势必会导致水平较低、性格内向的学生成为研究式学习中的"看客"，使他们在研究式学习中被"边缘化"。如果把班级人数控制在合理的范围，这一不良后果就可能会避免。

（三）教学机制和学习资源的配套建设

研究式学习教学模式的推广和完善是一个系统工程，这一教学模式的确立不但需要任课教师的参与和投入，也需要学校其他管理部门的支持和配合。从课程体系的角度看，开展研究式学习要以研究式课程体系的确立为前提，因为研究式课程是研究式学习方式的载体。确立课程体系要明确研究式学习的首要目标是培养学生的创新意识和自主学习能力，强调知识学习的综合性、过程性、创新性和应用性等。从教学评价的角度看，研究式学习需要建立配套的形成性和过程性评价体系，注重对学习者实际能力和综合素质的考查。从研究式课程的内容看，课程提供的知识应具有交叉性、前瞻性和多元性等特点，这就要求教师具备丰富多元的知识结构，通常在精通一门专业的基础上还要再精通一门外语。教学模式的多元性、开放性要求教师在内容选择、时空安排、资源配备、研究方法等方面要为学生提供更大的灵活度。可见，建构主义理念下的研究式教学对教师的素质和教学基本功提出了更高的要求。为了提高教师的综合素质与教学能力，要鼓励教师开展研究式学习的教学实践，聘请专家学者对教师定期进行培训，挖掘多种渠道让教师走出校门、接触社会、接触生活、开阔眼界，了解学科发展变化的前沿性信息，以拓展研究式学习的资源和渠道。

建构主义理念下的研究式教学模式非常重视学习环境的创设和学习资源的开发，提倡信息技术与课程的整合。为此，教师要掌握相应的专业知识和现代信息技术，为学习者提供研究式学习所需要的情景资源、信息资源、研究手段。在研究式学习的教学过程中，教师要具有信息安全意识，注意引导学习者区分信息的优劣，取其精华，去其糟粕，抵制网络和媒体可能对学习者造成的不良影响。信息化的教学需要现代科技的支持，而校园网络、多媒体和计算机系统等硬件学习条件的创造，需要学校教学管理部门的配合与支持。此外，教学管理者应该从教学目标、教学模式和评价体系等方面推进教学改革，制订相应的考核、奖励机制，鼓励教师进修学习，更新专业与相关技术知识。教学管理者应该具有可持续发展的眼光，和在职教师协商制订周全详细、切实可行的进修学习计划，尤其要积极倡导和鼓励教师开展跨学科学习，提高教师的教学科研水平与综合素养，以适应研究式学习过程中不断出现的新需求，使教师能够在教学中为每一位学习者提供科学正确的引导和帮助。

　　总的说来，面向非英语专业学生开设专业英语课程是高等教育改革的一项重要内容和发展趋势，它顺应了经济全球化和高等教育国际化的趋势，它既是大学专业课程国际化的一种形式，也可以被看作是对大学英语教学模式的革新与发展。目前，英语作为国际通用语的作用已经显示出来，开设专业英语课程的目的就是将专业内容的学习和外语学习有效结合起来，并通过学习原版教材和专业领域相关的英文资料，为学生提供接触专业英语的平台，使学生了解专业前沿学科的发展状态，同时提高英语的实际运用能力。以专业内容为依托，以英语为媒介语的学习方式，能够有效帮助学生掌握搜集和利用第一手研究资料的方法，开阔学术视野，培养创新思维，提高思辨能力，发展自主学习能力，并最终使他们成长为社会需要的复合型、创新型、高素质的国际化人才。

第五章　信息技术与英语教学深度融合的机遇与挑战

第一节　信息技术与英语教学融合带来的机遇

随着素质教育的开展和科学技术的进步，现代信息技术对于学校教学起着举足轻重的作用。信息技术由此为教师的教学工作带来新的挑战和机遇。教师需要更新观念，实现角色转变，并学习在教学中合理、正确地使用多媒体和信息技术，优化教学方式，模拟学习情境，激发学生学习英语的兴趣，扩大知识面，增加阅读量，培养自主探索的能力和文化素养，提高教学的有效性和时效性，实现资源共享。

随着我国突飞猛进的发展和全球经济一体化的进程，知识文化的传播方式也发生了一系列的变化，信息文明已经越来越成为人们生活工作中不可或缺的重要部分，并极大地改变了人们的思想观念和行为习惯。人们在享受数字信息带来便利的同时，传统的教育观、人才观和教育模式也都面临着新的挑战，这就引起了教学的思想、内容和方法上的深刻变革。

英语教学作为这一课题的重要组成部分，要求教师及时转变教学观念，改进教学方法，积极学习信息技术，以实现传统教师角色的转换，适应信息社会对于教师所提出的新要求。当然，信息技术在提出挑战的同时，为英语教学提供了更多的机遇，它引领教师走上一条新的英语教学的道路，为激发学生的英语学习热情、提高英语的应用能力打开了更为广阔的空间。下面就分别来讨论一下信息技术为英语教学带来的挑战和机遇。

信息技术已经逐步渗透到英语教学的各个方面，如电子课件、多媒体教学、远程教育、计算机辅助教学等，这些在为教学带来巨大方便的同时，对教师的学习和创新能力也提出更新、更高的要求，英语教师需要积极学习新的知识和技术，学会操作各种多媒体设备，不断更新自己的知识结构，扩大自己的知识容量，这也符合现代社会对人才的要求，那就是"活到老，学到老"。

另外，信息技术和多媒体设备的普及，使学生的学习途径更加多样化，除了在学校课堂上学习之外，还能够借助网络课堂、电子书籍、英文视频等来提高自己的词汇量和听说读写的能力。但是如果学生运用不当，又会出现负面作用，从而妨碍英语的学习。这就使英语教学面临新的问题：如何使学生正确合理科学地使用信息技术和多媒体来学习，这需要广大英语教师思考。

在信息化社会的背景下，英语教师要积极应对，更新观念，实现角色的转变，来适应新形势对于英语教学的要求。所谓更新观念，就是要求教师树立新型的教育观、人才观和方法论，不断更新自己的知识结构，使信息技术更好地为英语教学服务。所谓转变角色，是要求英语教师在教学活动中，不再固守于传统的角色定位，由传统的知识传授者，转变为学生学习的引导者和监督者，课堂教学的组织者和示范者，并且随着信息技术的发展，还会转换更加多样的角色。

信息技术把计算机与艺术相结合，可以使信息的获得和传播实现强烈的艺术感染。课堂的内容可以通过图像、视频、动画、声音等来表现，使课堂更加充满感染力。何克抗教授在《创造性思维理论模型的建构与论证》一文中指出，基于言语概念的逻辑思维离不开表象。任何语言的抽象概念和形式结构如果不能通过表象来表现，就不能表达出应有的意思。对于一门从未接触过的语言，学生缺乏对这门外语的了解和体验，因此很难激发出对这门语言的热爱和求知欲。所以，这就要借助于多媒体为学生营造出形象生动的环境，使学生能在身临其境中使用语言，从而达到学习语言的目的。

夸美纽斯说过："兴趣是创造一个欢乐和光明的教学环境的重要途径之一。"人们总是对自己感兴趣的事情才能真正投入热情和努力，才会主动自觉地学习而不会感到枯燥。但是，在从小到大的英语学习中，因为一成不变的传统教学模式，所以很多学生已经丧失了对英语的兴趣，并且因为英语学习的枯燥和抽象化，造成其英语学习上的困难，从而降低了对于学习英语的信心。然而，现在在多媒体技术的辅助下，教师可以模拟出在日常工作学习生活中的现实情境，与现实生活紧密联系，使学生如置身于真实的情境中，曾经抽象的英语语法变得具体，曾经枯燥的英语知识点变得生动形象，多媒体技术可以把平面的英语知识转化成图文并茂的语言知识，转化为动态的视频，把听说读写结合起来。

英语是国际公用的语言，为全球的跨文化交流起到了桥梁的作用。因此，英语的学习就是一种跨文化的学习和交际活动。现代信息技术可以为跨文化交流能力的提高起到促进作用。学生可以通过互联网收听新闻和时事，在锻炼听力的同时，还可以了解当今国际时事，掌握社会发展趋势；学生也可以从因特网上找到经典的国外原声影片和纪录片，了解各地风土人情和当地文化；学生还可以通过网络了解最新音乐资讯，学唱英文歌曲，对于英语学习也大有益处；另外，还能通过网络看英文经典著作和诗歌等。这些在提高学生英文水平的同时，还能提高他们的文化修养和知识素养，全面提高学生的素质。

传统的教学模式都是以教科书、习题册和磁带等实物形式出现的，由于教材等编写的问题，造成教学内容的滞后性，可能会与社会和语言的变化相脱节，还可能会造成学生所学非所用。而信息化教学就解决了这一问题，为教学提供了及时的、生动的课外资料和补充。

另外，传统的备课、考试等环节都依赖于纸质的教材、试卷，对于信息的查找、整理、挑选所需要的时间成本都会大大高于使用数字化信息技术，其效率也势必要远远低于数字化教学。而通过电脑、投影仪等设备，可以轻松地提供学生以图像、视频、声音等形式，形象生动地呈现出原本抽象、生涩的理论内容。

21世纪是一个信息爆炸的时代，每天都有大量的信息资源通过各种途径和方式在进行传递。但由于某些局限性，不可能获得的所有信息都是自己所需要的信息，这就需要信息的共享。信息技术为此提供了巨大的便利。比如，可以通过信息搜索来查找任何自己需要的内容；也可以通过网络资源共享，把自己所有的资源共享到服务器给需要的人使用；还可以通过存储和输出设备来进行信息的传递，既便于携带又经济环保，而且还可以随时更新。这些都是通过信息技术来实现的。

随着人类社会的发展和科学技术的进步，越来越多的数字化技术和设备被广泛运用到日常生活和工作中。教师在运用信息技术进行英语教学时，能够深深体会到其对于提高英语教学质量和效率的巨大作用。英语教师要认识到，信息技术能够辅助教学工作开展的同时，教学工作又能推进信息技术的进一步发展，二者是相互影响、相互作用的。面对信息化的浪潮，教师要积极更新观念，转变自身角色，充分调动自身的主观能动性，挖掘自己和学生的潜能，与时俱进，勇于迎接挑战，相信在信息技术的帮助下，英语教学之路会走得更好、更远。

第二节　信息技术与英语教学融合带来的挑战

21世纪以来，信息技术快速发展，信息技术的广泛应用推动着教育教学的重大变革。从20世纪90年代欧美等国就开始开展信息技术与课程教学融合的研究，到2008年真正的第一门慕课诞生，2012年以后大量慕课呈现在网络，到2014年我国慕课在线注册人数已达65万。在全球信息化的浪潮中，职业教育同样需要开展一系列的教育改革。我国对于职业教育信息化建设十分重视，《国家中长期教育改革和发展规划纲要（2010—2020）》《教育部关于加快职业教育信息化发展的意见（2011—2015）》《教育信息化十年发展规划（2011—2020）》《现代职业教育体系建设规划（2014—2020）》都强调要加快职业教育信息化建设，以信息化推动职业教育现代化。作为职业教育最高层的高职教育，其信息化建设的意义与作用显而易见。信息技术与职业教育的融合并不是简单的技术引入与应用，将改变传统课堂教学结构与模式乃至学校教育体系的根本性变革。解文明等教授认为，教育教学与信息技术深度融合要"创建新型教学方式，建立课堂教学与基于网络的自主学习相结合的混合式学习的教学模式"；余胜泉教授支持"突破既有体制制约，又有以信息化服务为核心，推进教学管理模式的组织结构实现优化和变革"。张永涛、藏志超等教授强调，重点是"改变教育教学方法，通过创新搭建新型学习平台，个人空间，通过学习者的主观能动性推动信息技术在教学中的应用"；胡晓松教授认为，"以教学手段创新为起点，对教学组织形式、教学内容及呈现方式、教与学关系乃至教书育人进行一系列创新，创造有支持的自主学习的全新教育模式"。李玉顺教授提出，强调深度整合不应忽视教师的作用，"要以提升教师能力，推动信息技术与教育深度融合，提高技术辅助下的教与学方式创新、信息技术与教学融合的水平"。

若将信息技术适当地引入英语课堂，构造多模态的网络生态环境，可以改变以教师为主宰的传统课堂，突出以学生为主体，引入更多的教学资源，以多模态形式展示教学内容，激发学生的学习兴趣，调动学生的主动性，突破教学重点与难点，从而增强英语课程教学效果并提高教学质量。

教师应该转变观念，少抱怨学生基础差；创新教学活动，改进教学方法，更新教育观念，最终目的就是让学生掌握知识并且在实践中灵活运用。所以，教学的终端是学生，而不是教师个人才能的展示。让学生参与课堂，发挥在课堂中的主动和能动作用，树立学生在课堂上的主体地位，让学生成为学习知识的主人，使学生从被动的学习者转变为主动的学习者，从而建立高效课堂。依靠互联网和信息技术的进步，翻转课堂、慕课、微课、各种学习应用软件、网络学习平台等的兴起，让学生成为主体地位更容易实现，而教师则转变为学生学习的幕后工作者，借助信息技术，通过引领、督促、检查与推动帮助学生完成学习任务。强调学生是学习的主体，是信息化教学的直接参与者、实践者，更是终端受益者。教师运用多种模拟，具体生动地向学生展现教学内容，如一系列动态图片、音乐音频、影片片段、动漫演示等，激发学生的英语学习兴趣，使他们对教学内容更易于理解并印象深刻。在传统英语课堂中，为了掌握学生的作业和学习情况，教师不得不占用大量课堂教学时间。在课堂检查的同时，也会造成其他学生的分心与等待。阶段考试更是需要聘请大量教师协调时间耗费至少四个课时才能完成。若是将信息化合理引入，课后教师可以使用网络学习平台和测试 APP 进行作业布置，在规定的时间内学生需要完成在线测试和语音上传，可以更灵活地安排时间检查学生作业，完成批改。同时，信息化软件可以将每个学生的学习过程完整地记录下来并且根据相关设置进行成绩分析，快速生成数据。教师可以根据学生的测试记录为学生提供不同等级的资源和安排个性化的学习，加大对学生的语言输入力度，人为最大化地创造英语语言学习环境。利用信息化教学手段，可以体现学生的主体地位，开展个性化的教学与测试。

信息化教学的学习方式有别于传统教学方式，主要表现在其灵活多样性。课堂不再是传授知识的唯一场所，课本不是仅有的学习资源，互联网提供丰富的信息知识补充课本内容：教师不仅仅是知识的灌输者，而且更是学习方法的引导者，未解知识的解惑者。课堂教学与现代信息技术的合理融合，通过丰富自主学习的知识资源，拓宽自主学习的路径，正确引导学生自主学习，改变学生习以为常的被动式学习模式，为学生养成终身学习的习惯打下基础。

在高职传统教学中，师生互动只限于课堂。师生之间并不熟悉，学生甚至认不出自己的授课教师。采用信息化辅助教学，师生互动将不受时间与地点的约束，学习过程从固定单向传授转变为双向互动的多元化模式。课前，教师在学习平台发布课前预习任务单，推送相关学习资源；课中，教师可选用最新的英文新闻与视频，吸引学生参与课堂并鼓励其大胆发言，利用学习平台快速建立讨论小组，布置思考题组织学生自行查找资料，整理后找到答案，增强学生自主学习的信心。课后，利用平台布置作业，群里及时统一答疑解惑和辅导与纠正单个学生，拓展课堂知识，帮助有能力的学生进行深一层次的学习。

采用互联网信息化教学手段，教师转变为课堂的引导者。利用信息技术教师可突破固定课本内容的限制，为学生提供丰富生动及时热门的学习资源，让学生接触到来自不同国家与地区的英语母语者的发音，以提高学生的听力理解能力，真正实现英语的无障碍交流。强调学生为课堂主角，让学生真正成为学习知识的主人，由被动学习者转变为主动学习者，学生参与课堂发挥主动和能动作用，结合案例教学法和情景教学法，培养学生分析问题能力和解决问题能力，从而建立高效课堂。

信息化融合的英语教学，教师不仅需要良好的专业知识素养，课堂组织能力，而且还需要掌握现代化信息技术，如操作各种软件、制作视频动漫、搭建管理学习平台、与学生进行线上线下互动和数据统计与分析。关注学科的前沿科技最新理论，与时俱进，并且乐于与学生分享和讨论，开拓思路。

职业教育信息化与教学融合可以突破传统的教学方式，激发新的思路，新的教学方式可以创造多元化互动式的学习新文化，从而提升学习效率，让学生真正成为学习知识的主人，由被动学习者转变为主动学习者，培养自主学习能力。每一个学生都是一支需要点燃的火炬，在信息化时代教师必须积极学习、开拓思路、与时俱进，调整与学生的关系，建立平等、民主、和谐协作的关系，成为学生的点火者、引路人。

随着现代信息技术与大学英语教学的深度融合，产生了微课、慕课、翻转课堂以及网上自助学习平台等多种新的混合教学模式。这种多元化的教学模式对大学教师的信息技术素养、教学方法和手段提出了更高的要求。

在信息技术飞速发展的今天，网络资源已经十分丰富，学生能够通过网络获得海量的专业知识，教师不再是学生获得知识的唯一来源，也不再是专业知识的专享者。教师的信息优势被打破，如不加强自身专业知识的深度学习，不了解学科前沿动态，就很难适应大学英语教学内容的更新和学生对英语专业知识的更高要求。而且由于传统大学英语教师所学专业的局限和学科背景的单一，知识结构大多限于英语语言文学范围，在"互联网＋"时代背景下面对来自不同学科背景的大学英语学习者时，学科知识会显得狭窄，很难满足学生对自己所学专业相关英语知识的需求。

随着21世纪人类已全面向信息社会迈进，培养创新型人才需要信息化教学环境的支持。在传统的大学英语教学中，教师只是课程内容和教材设计的执行者、实施者，在"互联网＋"时代背景下，教师必须要逐步转变为教学内容的开发者、设计者，才能更好地利用网络辅助英语教学。因此，需要有熟练的电脑操作技术，熟悉各种教学软件、能制作精美的教学课件。同时，还必须具有较强的网络管理能力，能利用微信等积极参与网络资源的建设和网络平台的管理。此外，还需要具备制作微课所需的相关技术，如视频音频录制、剪辑、配音、合成等。因此，大学英语教师必须跟上时代的步伐，否则就会被信息时代和网络时代淘汰。

网络资源的开放性使得信息资源丰富、及时、唾手可得，还意味着信息资源的共享，部分学生甚至有可能比教师提前或者更全面地掌握一些信息。尤其是慕课和网络公开课展现了很多名校、名师、名家的教学过程，使得学生对大学英语教师自身的专业知识有了更高的期待和要求，因此大学英语教师必须加强专业知识的学习，不断完善自己的语音、语法和语言组织能力，同时还可以关注本专业领域的学科前沿动态并将其运用到自己的教学过程中，以激发更多学生英语学习的积极性。

此外，大学英语教师还应努力拓宽自己的知识面，更多涉及不同专业专门用途英语的知识，如医学英语、法律英语等，以适应不同专业背景的大学英语学习者的要求，同时为大学英语高年级阶段开设后续课程做好准备。总之，大学英语教师应树立终身学习的理念，努力提升自身专业水平并不断更新自己的知识结构。

在"互联网+"时代背景下，大学英语教师要善于学习，除了熟练运用多媒体设备授课，增强课堂吸引力之外，还应充分利用微信、自主学习平台等多种辅助手段和慕课、微课等丰富网络资源为学生设置具体学习任务并检查学习效果，从而实现"平台、教师、学习者和学习资源的深度互动"。同时，还能让学生能够有效利用课余和碎片时间，将大学英语的学习贯穿于整个学习阶段，使课余课后的自主学习规律化、常态化，以督促和帮助学生养成良好的语言学习习惯。

同时，大学英语教师还应勤于思考，着力改进传统的教学方法。不再沿袭过去教师一人唱独角戏，学生被动接受的教学模式，而是借助多媒体影音设备，为学生创造生动有趣且真实的英语学习情境，让学生主动参与到语言练习活动中来，增强交流性和实用性。此外，教师也可以将学生分为若干学习小组，为其设定具体的学习目标，让学生就课前布置的微课、慕课、视频话题和内容进行讨论，最终以汇报、辩论、表演等方式呈现学习成果，促进学生合作学习、增强团队意识，而教师本人也应以合作者和引导者的身份加入到活动中去，同时答疑解惑，以"润物无声"的方式将语言教学的要点渗透到课堂活动中。大学英语教师还应特别注重培养学生的问题意识，启发、鼓励学生大胆提问、质疑，从而在英语课堂教学改革过程中真正为学生构建起一个体验、探究、合作、交往、互动的英语学习平台。

随着计算机网络技术的不断发展，现代信息技术与教学的结合无疑是大势所趋，这一结合给当代大学英语教师提出了更高的要求。一方面，大学英语教师必须具备基本的计算机操作和网络知识，才能具有搜索网络信息和资源的能力，才能与层出不穷的新知识、新信息保持同步，进而不断更新和改进自己原有的专业知识体系。另一方面，在信息时代，当学生面临浩如烟海、良莠不齐的英语学习资源冲击时，只有具备必要的信息技术能力，才能合理整合网络资源，进而给学生推荐、传授正确、适当的语言知识信息，让学生受益。此外，大学英语教师还应积极参加信息技术培训，不断学习新的信息技术，如计算机操作、PPT制作、音视频录制剪辑合成、网络平台的控制与管理等，将自己的专业知识和教学理念以及学生个性化的学习要求融入自己的PPT、微课或是网络公开课开发中，从而制作出具有鲜明个人风格特色的教学内容。只有这样，大学英语教师才能真正成为课程的开发者、设计者，从而适应日新月异的时代发展。

在网络技术飞速发展的信息化时代，资源的及时性、丰富性和开放性让教师失去了原有的资源优势，同时随着国际交流和跨文化交际的日益频繁以及社会和学生的要求不断提高，大学英语教师面临着巨大的冲击和挑战。要想适应这一形势，大学英语教师务必要转变自己的角色，明确自己的定位，做学生学习的促进者、引导者，课程的开发者、设计者，教学改革的研究者、实践者，树立终身学习的观念，不断自我完善，谋求发展。率先掌握教育信息技术，具备收集、整合资源和运用、传授信息的能力，积极探索在"互联网＋"环境下的英语教学改革问题，以不断提高英语教学质量，为培养具有较强语言交流和综合运用能力的复合型人才作出贡献。"互联网＋"时代背景下新兴、多元混合教学模式不会取代传统教育，但一定会让传统教育焕发出新的活力。

第三节 信息技术与英语教学发展趋势研究

在"互联网＋"背景下，现代信息技术的广泛应用给基础英语教学带来了无限生机和活力：能帮助教师获得更多的资源，实现资源共享；能丰富教学手段，改变学习、教学方式，探求新的教学模式，优化教学；营造互动的教学氛围，提高教学效率。因此，通过对"互联网＋"背景下基础英语教学新模式的研究，有望打破以教师为中心、视学生为接受知识的容器、扼杀学生发展空间的封闭型教学模式；同时还可以激发教师努力贯穿开放的教学理念，充分发挥信息技术的优势，寻求信息技术与学科课程相结合的最佳切入点，以达到提高基础英语教学有效性的目的。"互联网＋"背景下基础英语教学新模式——"互联网＋慕课＋微课＋微信＋翻转课堂"的多元混合教学模式——的构建，既有助于实现学生个性化、主动化的自主学习，又能提高基础英语的教学质量，更能促使教师从自身教学工作的实际和学生的实际出发，探索提高基础英语教学有效性的途径和方法，是基础英语教学改革与发展的必然趋势。

在"互联网＋"背景下，高等教育的信息化浪潮已经势不可挡，教学模式、教学内容、教学形式都在寻求不断创新，教师的角色也正在由知识拥有者、传授者转变为学习活动的组织者、导向者；在教学模式上，正在从以教师为中心向以学生为中心而转变；"线上线下"相结合的混合教学模式正在逐渐取代传统只靠面对面授课的方式；从注重结果评价转变为结果与过程相结合的评价，并且更加注重学生学习的过程性评价；授课教师需要提供丰富的学习资源，同时将策略型学习、网络型学习、参与型学习有机结合，通过高等教育的信息化创新高校教学模式，来促进高校教学质量得到显著提高。混合教学模式顺应教育信息化的要求，在高校教学（尤其是英语教学）中得到了越来越多的关注。

　　基础英语是面向英语专业一、二年级开设的一门主干课，是高校英语专业课程体系中开设时间最长、课时量最多、最基础、综合性最强、涉及面最广、对学生培养效果最显著的一门专业必修课程，也是学生投入精力最大的一门课程。但在传统基础英语教学中，教师主要采取面对面的课堂授课方式，语法、词汇、修辞、翻译等面面俱到，学生学习目标不明确。尽管老师采用了一些现代化的信息技术，如课堂上使用多媒体课件、视频、音频等资源，但学生仍会感觉学习内容枯燥乏味，学习积极性受挫，表现为在课堂上参与度不高。口语环境缺乏，学生的主体性就得不到体现；但如果让学生成为课堂的主导，逐一进行发言讲解，对于英语水平参差不齐的普通本科生而言，无疑是加大了课堂难度，学生学习英语的信心就会遭受打击，无疑增加了完成教学任务的难度。因此，不管是学生还是教师对于传统基础英语课堂上只注重传授语言知识的单一教学模式并不满足学生的需求，学生也希望教师能够利用新的教学手段提供更好的学习环境和氛围，使他们能够更直观、更感性地享受学习过程。众所周知，基础英语课程教学质量会直接影响到英语专业人才培养的质量。因此，基础英语教学模式改革迫在眉睫，这也是本章节选择基础英语这门英语专业必修课程教学为例的主要原因，试图构建出基于"互联网＋"的混合教学新模式服务于基础英语教学。

一、"互联网＋"教学

　　自易观国际董事长兼首席执行官于扬在2012年11月的易观第五届移动互联网博览会上首次提出"互联网＋"理念以来，引起了越来越多专家学者的关注。北京大学移动政务实验室宋刚博士认为："互联网＋"的"＋"，不仅仅是技术上的"＋"，而且也是思维、理念、模式上的"＋"。总之，在"互联网＋"的涌动中，教育已成为其中的一个加数。如果说，第一代教育以书本为核心，第二代教育以教材为核心，第三代教育以辅导和案例方式出现，那么如今的第四代"互联网＋"背景下的教育才是真正以学生为核心。"互联网教育的结果，将会使未来的一切教与学活动都围绕互联网进行，老师在互联网上教，学生在互联网上学，信息在互联网上流动，知识在互联网上成形，线下的活动成为线上活动的补充与拓展。随着教育互联网化，互联网与教育找到了优势互补的契合点，并引发教育行业的广泛创新和变革。因此，我们教师有必要通过"互联网＋"让传统教育焕发出新的活力，才能与时俱进。

二、翻转课堂教学

　　翻转课堂是互联网时代的教育革命，它颠覆了传统学习过程中的知识传授和知识内化两个阶段，要求"课前学生通过观看教学视频完成知识的传授，在课堂上学生通过各种教学形式完成知识的内化"。国内很多学者对翻转课堂在英语教学中的应用展开过有益的探索，他们认为翻转后的课堂以问题为驱动，以教学活动为中心，以提高教学效果为目标，满足了英语学习的个性化需求，有利于提升学生的信息素养、自主学习能力和英语综合应用能力。

"教学模式是指在一定的教育思想、教学理论和学习理论指导下，在一定环境中展开的教学活动进程的稳定结构形式。"混合教学模式是随着网络和计算机技术的发展而产生的一种传统教学和网络教学相结合的一种教学模式：基于多种教学理论（如建构主义、行为主义和认知主义）指导，运用多种教学设备和工具、教材和媒体，坚持以学生为主体、教师为主导的教学理念，将课堂教学方式与互联网教学方式有机结合，以建设良好的教学环境，最终实现最优教学目标。这里说的混合教学模式既包括教师在课堂上的讲授和对学生网络平台自学的指导相混合，也包括学生在课堂上学习和课前课后的网络平台学习相混合。教学资源和教学环境的混合是混合教学模式顺利进行的基础。它能够将面授的优点和网上教学的优点结合，综合了"教为主"和"学为主"的优势，在教学实践中既能显示出老师的主导作用，又能体现学生的主体地位，使学生在教师的帮助下在恰当的时间应用合适的学习技术积极主动地获取知识，最终达到最好的教学效果。

三、慕课教学

慕课（MOOC），即大规模在线开放课程（Massive Open Online Courses），是指由主讲教师负责的、支持大规模人群参与，除了传统课堂上教师常用的讲课视频、阅读材料、作业练习外，还具备论坛互动、邮件和考试相互交织的网络教学过程，主要是基于互联网平台运行。慕课提供了海量的教学资源，教师可以根据学生的基础精心挑选合适的教学资源，课前让学生利用"互联网＋慕课"自主学习以输入语言；课上老师加以引导讨论，让学生汇报学习成果，以巩固内化知识，实现了"平台、教师、学习者和学习资源的深度互动"；课后教师和学生及时反馈以推动学生改进学习策略。在这种新型教学模式引导下，学生成为了课堂的主人，教师成为指导者，充分发挥学生的课堂主人翁精神，真正做到课堂翻转。

通过大量实践证明，"互联网＋慕课＋翻转课堂"三者有机结合可以做到优势互补，有利于语言的输入和输出，适用于基础英语课程教学。对于学生而言，优质的视频资源比课堂教师面对多个学生讲授的输入效果更好，学生可以不受时间和地点限制反复观看，更符合学生个性化学习需求；分组合作式学习可以提高学生学习的主动性和合作意识。对于教师而言，教师摆脱了课堂讲授的枯燥和劳累；课堂教学与在线讨论、反馈的无缝对接能使教师更深入地了解学生，从而更好地开展个性化教学；为了充分发挥教师在学生学习中引导、帮助和评价的作用，教师需要不断提升自己的能力，也有利于教师的职业发展。由此可见，这种"互联网＋慕课＋翻转课堂"的混合教学模式是实现教师与学生双赢的最优化教学手段。

四、微课教学

微课（Micro Lecture）的概念最早是由美国学者 Davis Penrose 创作的"一分钟微视频"。在国内，胡铁生最早将微课定义为"按照新课程及教学实践要求以教学视频为主要载体，反映教师在课堂教学中针对某个知识点或教学环节而开展教与学活动的各种教学资源有机组合"，是一种基于构建主义、移动学习为目的的实际教学手段。简言之，微课就是将某个知识点或教学环节录制成短小的视频，借助网络共享给学生。微课包括微视频和微资源两部分，即重点知识的精练讲解和与之对应的课件、教案、练习、测试等教学资源。可以说，"互联网＋微课"在基础英语教学中的使用，弥补了现行基础英语教学的不足。首先，微课是以视频为主的载体，短小精悍，目标明确，重点突出，结构紧凑，内容丰富，趣味性强，可供学生在课前、课中、课后反复观看，更方便他们可以利用课前、课后的时间，拓展教学平台，延伸课程边界，拓宽英语课堂的学习时间和空间，优化教学资源，不仅增加了教学中的互动，而且兼顾了不同层次的学生的知识消化能力，加强了学生的自主学习性和自信心。其次，相对于冗长的英语课文而言，短小的微课视频更能引起学生的学习兴趣，主体新颖、设计精良的视频能将枯燥乏味的语言点、知识难点浓缩为 5—8 分钟的趣味微课，增添了课堂的趣味性，营造了轻松的课堂学习氛围。教师可以有效延伸课堂教学内容，拓展学生的知识面，完善学生的知识体系。微课是实现翻转课堂的重要前提，也是课堂教学的拓展和延伸。随着移动互联网和智能设备的发展，这种"互联网＋微课＋翻转课堂"的混合教学模式将会成为英语教学的新常态。

随着信息技术的发展，手机已经成为人们（尤其大学生）获取信息的主要载体。腾讯公司 2011 年推出一款集多平台、多媒体于一体的微信免费通信服务应用程序，因其迷你性、易操作性、多维交互性已经成为人际交往中不可或缺的通信手段之一。另外，目前各高校校园无线网络覆盖基本到位，为微信使用摆脱流量限制提供了条件。微信在高校教学中的使用已具备了充分的可行性，尤其是对英语教学已产生了重要影响。形式多样的微信英语学习平台不仅为学生提供了丰富的英语学习资源和有趣的学习形式，而且以其移动性和随时性能打破以教师为中心的单向知识传授模式，实现教学的多元互动，也有利于学生充分利用时间实现语言碎片式学习。微信英语学习平台利用微信软件的客户端和公众平台实现资料传送、资源共享、互动交流等功能。因此，教师可以以班级为单位，建立微信群共同探讨学习问题，营造学习氛围。课前，给学生发放任务单，指导学生利用"互联网＋微信"自主学习以输入输出语言；课上，讨论、汇报学习成果以巩固内化知识；课后，师生还可以通过微信群、朋友圈共享有用的学习资源，师生之间可以通过文字、图片、语音、视频、课件、网址链接等方式进行实时交流，多感官的刺激不仅能够极大地激发学生的学习热情，提高学生学习效率，而且完全符合现代学生的学习特点，可谓是好处多多。因此，这种"互联网＋微信＋翻转课堂"的混合教学模式从一开始就深受老师和学生的喜爱。

在互联网背景下，课堂和教师不再是学生获取知识的唯一源泉，通过互联网学生能够随时随地、方便快捷地获取多样化的学习资源。课堂不再是知识传递的场所，而是教师引导学生掌握学习策略、答疑解惑的场所。自主学习、主动学习、合作学习、个性化学习是"互联网＋"时代学生学习的主要方式。因此，构建并实施基于"互联网＋慕课＋微课＋微信＋翻转课堂"的多元混合教学模式有助于实现优质教学资源与新兴教学模式的有机结合，是英语教学改革的方向与未来发展趋势。这要求教师要跟上新技术发展，具备使用信息技术的意识、知识和能力，具备制作微课视频、监测学习平台、线上线下与学生互动等信息技术；运用现代科技技术改革教学模式，明确传统教学与现代教学手段之间的关系，延续对学生思想、情感、人格等方面的影响作用；不仅实现了教学方法、教学手段和教学理念的转变，而且还实现了教师角色定位的转变，从过去的"传道、授业、解惑者"转变成为学习、引导、促进、参与、协调、开发和研究的角色。

第六章　信息技术与英语教学深度融合的内涵与本质

第一节　信息技术与英语教学深度融合的定义

2010 年国务院印发的《国家中长期教育改革和发展规划纲要（2010—2020 年）》指出，"信息技术对教育发展具有革命性影响，必须予以高度重视，把教育信息化纳入国家信息化发展整体战略"。为进一步落实教育信息化总体部署，教育部编制印发了《教育信息化十年发展规划（2011—2020 年）》，明确强调了"教育信息化要充分发挥现代信息技术优势，注重信息技术与教育的全面深度融合"。在国家教育信息化大政方针的指导和引领下，我国教育界掀起了信息化教育的浪潮，慕课、微课、翻转课堂、在线课程、移动学习、手机云班课、信息化教学大赛等一系列互联网教学术语开始频频走入教育各界人士的视野中。

大学英语是各大高校开设的一门公共必修课，也是一门应用性极强的语言课程，在大学英语教学实践中充分利用"互联网+"带来的优势，为学生提供丰富的、可视化的学习资源，创造交互式、情景式的动态学习环境，大力借助现代教育信息技术更新教学内容、优化教学环境、革新教学模式、提升教学质量显得尤为重要。

传统的大学英语课堂，主要以"一间教室、三尺讲台、一支粉笔"为模式，教师是主演，学生是观众，难以激发学生的学习热情、发挥学生的主观能动性，从而弱化了课堂教育的功能。此外，语言的社会交际功能决定着大学英语必然是一门集艺术性、交流性、实践性、应用性于一体的学科。教师就应按照《高职高专教育英语课程教学基本要求》"积极引进和使用计算机多媒体、网络技术等现代化的教学手段，来改善学校的英语教学条件，营造良好的英语学习氛围，激发学生学习英语的自觉性和积极性"。在信息化教育环境下，教师就必须成为学生学习资源的提供者和开发者、学生学习能力的引导者和促进者、学生学习过程的沟通者和合作者、教学方法的创新者和反思者、教学活动的设计者和组织者、信息技术的研究者和学习者。深入钻研教材，利用现代信息技术，调动一切可利用的教学资源，投入更多的精力为学生提供丰富的、可视化的学习资源，创设开放、动态的交互式教学情景，调动学生的学习积极性、主动性和课堂参与性，引导学生灵活运用英语进行交流，让课堂出彩，不断激发学生的求知欲，让学生真正成为学习的主人，投入其中、学在其中、乐在其中。

第二节　信息技术与英语教学深度融合的内涵

现代教育中信息技术与大学英语教学的深度融合并不仅仅是把信息技术当成单纯的教学辅助手段，而是把信息技术作为一种可以促进学生自主学习、优化教师教学环境、提升教学质量与效果的工具。教师要主动学习先进的教学理念，充分运用现代教育信息技术，作为学生主动学习的认知工具、情景教学的创设工具、教学资源的整合工具，并将这些"工具"运用到教育教学实践中，使信息技术化为优质课堂的隐形助推力，成为课程内容的有机部分，以超媒体结构方式组织教学，设计、开发集文字、符号、图形、图像、活动影像和声音等多种因素于一体的教学课件，用多媒体技术解读、模拟或再现传统教学技术无法展示的课本对话或篇章场景、情景。实现信息技术与各种优质教学资源的有机融合，从而优化教学环境，从根本上改变传统的教学模式，大力培养学生收集获取英语的语言信息能力、分析加工语法句型结构能力、英语交流应用能力、互助协作能力和自主创新能力，充分发挥学生的语言学习主体性、能动性和自觉性等。教学中的信息技术应用不仅可以丰富教学内容、改变教学模式、优化课堂，而且可以在迎合学生的心理和时代发展特征的基础上，拓展学习空间。学生可以通过手机、iPad 等工具，利用信息技术网络教学平台学习与巩固课堂知识，搜集、预习语言文化背景知识以及学习参考资料等，也可利用信息技术进行自主听、说、读、写、译训练，进一步提高英语语言应用能力，养成自主学习的好习惯。

有效利用信息技术改革大学英语教学，不仅能创建新型教学结构，更可以革新教学思想、观念、理念，深化教学内容、教学方法、教学手段和教学过程的改革，可以实现教学效果最大化。

利用现代教育技术微信公众号和现代教育技术微信群建立互励互教式微课教学平台，可以拓展最初的课内知识点讲授，在互励互教式微课教学中，学生对知识点的掌握、实践能力均有很大进步，思想道德品质也得到了很大的提高，教师从传统知识的讲授者转变为知识的引导者，学生从知识的被动接受者转变为学习过程的主动参与者，教与学的过程从课堂延伸至课外，能够大大提高学生的自学能力、积极性和主动性。希望通过本研究探索网络微课教学的规律，为今后更多的课程建设提供更多的帮助。

第三节　信息技术与英语教学深度融合的思路

2017 年 1 月，国务院发布《国家教育事业发展"十三五"规划》，明确提出全力推动信息技术与教育教学深度融合，利用混合式教学等多种方式，形成线上线下有机结合的网络化泛在学习新模式。该规划强调"互联网＋教育"，意味着教育信息化为大学英语教学开辟了更为广阔的前景。大学英语教学不再拘泥于以教师为中心的知识传授，而是利用线上学习与课堂教学有机融合的混合式教学模式提升学生的英语应用能力。此外，《大学英语教学指南》也提出了现代信息技术与大学英语课程相融合的教学理念，鼓励教师实施混合式教学模式，明确指出在此理念指导下采取的举措成效显著。

一些研究者针对信息化时代的教学设计、教学模式和教学实践等展开了深入研究，但在混合式教学模式下，学生作为学习的主体，受到的关注较少。混合式教学模式主要以学生为中心，支持学生主动进行意义协商和知识构建，从而提高教与学的效果。实施混合式教学的有效途径就是切实发挥学生学习的能动性。然而，中国学生的在线学习经验缺乏、语言实践能力不足、自主学习意识薄弱、参与积极性不高、对混合式教学方式不适应，使得无论是在线学习还是基于在线学习的课堂教学都不能达到预期效果，从而成为有效开展混合式教学实践的瓶颈。本节以大学英语教学为例，探讨混合式教学模式下实践共同体对大学英语教学的作用。为信息技术与英语教学深度融合提供了一个新思路。

实践共同体（Community of Practice）也称为实践社团、实践社区。这个概念最初由社会学家 Lave 等提出，指的是对某一特定知识领域感兴趣的人互相发生联系，围绕这一知识领域共同工作和学习，共同分享和发展该领域的知识。Wenger-Tmyner 团队指出，实践共同体的三个结构要素是知识领域、共同体和实践。知识领域决定共同体成员的共同兴趣和身份感，他们受共同意愿的驱动，联系在一起共享、应用、创造知识，促进自我成长；共同体是学习的社会情境，其成员交流协作、互帮互助，共同实践、共同学习；实践是成员主动参与学习、发展共享知识资源并进行实际运用，成员在实践活动中学习知识，然后又将知识运用到实践中，以获得新的实践知识。

实践共同体的形成对有效学习的发生有积极的促进作用。实践共同体的知识转化是一个正反馈循环，正反馈使得共同体成为一个学习主体，在实现个人学习的同时有效促进动态知识生成。实践共同体的维持和发展可以通过组织的参与和管理，以提高知识共享水平和效果。这一理论适用于课堂研究，对课堂建设有重要的启示意义。

混合式教学将面对面教学与在线教学相结合，是信息化时代大学英语教学改革的必然产物。北京科技大学"大学英语混合式教学团队"通过教学实践结果，解构并重构传统课堂，将混合式教学分为在线学习、课内应用和课外实践等三个核心构成部分，它们在丰富的情境与应用的语境中互相联系、互相融合、互相支持、互相促进。混合式教学弥补了传统课堂教学的不足，有利于充分发挥学生在学习过程中的主体作用，从而促进学生主动学习、自主学习、合作学习。

①在线学习。在大学英语的混合式教学模式中，在线学习形式主要是采用小规模私有在线课程（Small Private Online Course，SPOC），教学资源包括语言知识学习和在线学习社区。学生通过自主观看精心设计的微课视频学习语言知识，完成与课程内容紧密相关的在线练习和测验，以巩固语言知识。在线学习社区是学生与其他学生异步交流的场所，学生通过发帖和回帖，与其他学生和教师通过讨论交流、答疑解惑、沟通协作，分享语言学习资源和经验。

②课内应用。课内应用是指学生通过在线学习获取语言知识后，在面对面的课堂学习中将获取的语言知识加以应用。混合式教学下的课堂教学不再以知识传授为主要形式，而是围绕主题创设语言应用情境，通过各种或基于语言或基于技能或基于主题的任务，使学生置身于知识展示、语言游戏、问题讨论、方案制定、小组汇报等语言应用活动之中，并通过与团队协作，共同在做的过程中不断提高英语应用能力。

③课外实践。课外实践是混合式教学模式不可或缺的部分。学生经过在线语言学习和课内语言应用后，最重要的是能将所学语言知识切实运用到实践中。课外实践通常围绕主题创设的真实性语言实践项目展开，是课堂学习的延伸与拓展。如学生合作完成诸如问卷调查、视频制作、海报设计等项目，并用英语进行课堂展示或线上展示，以培养英语的语言输出力。

在大学英语的混合式教学模式中，学生成为知识的主动建构者，可以通过在线学习、讨论交流、团队协作等方式在实践中获取知识。学习方式的转变，对学生的自主学习能力、合作交流能力、语言实践能力等提出了极大挑战。为了使混合式教学模式实现预期的教学效果，有必要创建实践共同体，为语言学习提供互动交流、合作学习、共同实践等方面的支持，充分调动学生的学习能动性，保障学生有效地参与混合式学习。

基于大学英语混合式教学模式的实践共同体是一种由学生和教师组成的学习型组

织。学生为了获取英语应用能力，与其他学生和教师在实践过程中交流讨论、互动协作、共同实践，不断共同建构并发展英语语言知识和能力。

实践共同体的成员是北京科技大学中参加大学英语混合式教学的 1603 名 2015 级学生。这些学生属于不同专业，共同在中国大学 MOOC 平台上学习大学英语系开设的 SPOC 课程，获取语言知识，进行讨论交流，并分别进入各自的面授课堂与其他成员合作，完成语言展示、语言应用和语言实践等任务。

大学英语的实践共同体包含发起者、核心成员和一般成员三类成员角色。其中，发起者是指教师和助教。教师通过发布一些线上教学资源和课堂交流帖子、组织线下交流讨论活动、布置课后合作实践项目，积极推动实践共同体的形成和发展。助教则通过在线回帖为学生答疑解惑，维持共同体的正常运转。核心成员是指英语能力较强的骨干分子，他们通过线上主动发帖和回帖、线下积极引领课内活动和实践项目，来分享英语语言知识和学习经验，领导其他成员进行语言实践学习。一般成员是指英语学习的参与者，他们通常按照课程要求完成线上线下语言学习任务，在发起者和核心成员的引领下参与线上线下的交流和分享，完成实践学习。

实践共同体成员具有共同愿景，短期目标是完成大学阶段的英语学习，获得课程分数；中长期目标是通过英语课程学习，提高英语应用能力。在共同愿景的驱动下，实践共同体成员积极参与相关的学习活动：①自主学习在线课程，可以通过观看微课视频，完成在线练习，获取进行语言实践所需的知识。在这个过程中，可以随时在讨论区与其他成员讨论课堂话题，就在线学习过程中产生的疑惑提问，大家群策群力共同寻找解决方法，并分享学习过程中积累的学习资源和经验；②进入面对面课堂内，在教师创设的相关学习情境中分享在线学习成果，并与其他成员互动协作，完成学习任务，应用语言知识，在共同学习中巩固在线学习成果；③对知识内容和语言能力进行梳理，与其他成员合作完成教师布置的语言项目并进行实践产出，在实践中相互启迪，获取新的语言知识与能力。

实践共同体成员的学习目标主要是通过在线学习、课内应用和课外实践，完成技艺传授、镜像学习、语言应用和以文成事等学习活动，最终获取语言知识，以提高英语应用能力。无论是在线讨论区的互动交流，还是课堂内语言应用任务的协作完成，都有利于学生不断地分享、应用知识，并在运用知识的过程中构建、内化知识。课外实践项目基于在线学习和课内应用取得的学习成果，要求学生在做的过程中将学到的知识内化为个人知识，并创造新知识。随着一个教学过程的完成，实践共同体成员也完成了一个语言知识获取的循环。

随着信息化时代的到来，学习者的学习方式正经历前所未有的革新，现代教育技术与外语教学的深度融合使混合式教学模式应运而生。学生作为学习的主体，需要提前做好充分准备，以迎接这种前所未有的学习方式。习惯于被动学习的学生，要想适应混合式教学模式恐怕不易。实践共同体为学生提供了交流讨论、相互协作、共享知识、实践知识的途径，是大学英语混合式教学实施的有力保障。

1. 支持协作学习，实现知识获取

实践共同体成员是由参与混合式学习的学生构成，他们具有共同的学习愿景、相似的知识领域，既是学习资源的提供者、分享者和受益者，又是新知识的生产者。在语言知识学习的过程中，实践共同体的发起者、核心成员和一般成员相互介入，所有成员共同协商积累在线学习和自主学习的经验，相互协作完成各种语言学习活动、任务及项目，并通过镜像学习来提升自己的英语语言水平和英语应用能力。

2. 强化语言应用，完善知识建构

实践共同体理论认为，学习是在实践的过程中进行意义协商、知识构建的。大学英语实践共同体强调学习的共同参与，而不是单纯的知识输入。在这个实践共同体中，学生与其他成员和教师通过在线学习、课内应用和课外实践，积极参与真实情境的语言应用，分享知识、经验和想法等，由知识的旁观者转变为知识的实践者，将所学的知识运用到实践中，并在实践中建构新的知识，使有意义的学习通过参与实践得以实现。

3. 支撑语言实践，完成知识转化

实践共同体的学习活动以应用实践为主，学生积极自主地参与在线学习、课内应用和课外实践，这是一个学生交换显性和隐性知识并共同创造新知识的过程。在这一过程中，学生不断提高语言实践能力，通过语言实践激发已有的语言知识，同时还可以通过资源共享、语言应用和实践活动等在实践中促进知识的应用，推动语言知识由隐性转化为显性，继而在语言实践过程中内化知识，使自己真正成为知识的主人。

混合式教学模式是信息化时代教学改革的必然趋势，而大学英语混合式教学模式是外语教学与现代教育技术深度融合的产物。但是，要想让已经习惯了传统教师讲授型课堂的中国大学生转变学习方式，就需要有语言学习、应用等方面的支持，这是有效实施混合式教学模式的关键问题。构建基于大学英语混合式教学模式的实践共同体，为解决这一关键问题提供了有效环境与途径。学生在语言学习的过程中自主交流、相互协作、共享知识，并在语言实践的过程中共享、运用、内化、创新知识，这有助于在线学习和课内教学的有效实施，能切实提高学生的英语应用能力。

第七章 信息技术与英语教学融合模式与创新

第一节 信息化背景下大学英语多元混合式教学模式改革

本节首先对信息化背景下混合教学模式进行了概述，分析了信息化背景下混合教学模式的作用以及大学英语教学现状。从人本主义心理学派学习观、现代认知心理学派学习观两方面阐述了信息化背景下大学英语多元混合式教学模式理论基础，并针对大学英语教学中存在的问题，从线上学习资源整合、创新教学模式、改革教学方法三个方面提出了在信息化背景下大学英语多元混合式教学模式改革策略，从而推动大学英语教学的良好发展。

网络信息技术的飞速发展，转变了人们的生活方式，同时也影响传统的教学方法。随着素质教育的发展，英语学习在大学教学中的地位逐渐提高。在网络技术与通信技术飞速发展过程中，信息技术逐渐应用到教育领域，与传统的教学手段相结合，逐渐形成新的教学模式。大学英语多元混合式教学模式具有便利性、适应性等特征，能够为学生提供更多有利学习资源，转变学生以往学习模式，从而提高了大学英语的教学质量，提高了学生的综合素质。

一、信息化背景下混合教学模式概述

（一）混合式教学模式概述

混合式教学来源于"B-learning"，即"BlendedLearning"或"BlendingLearning"，是指将传统的教学手法中融入现代化的多媒体技术，大学英语是一门实践性和应用性都十分强的学科，教师需要应用多种方法对学生的能力进行提升。混合式教学是以学生为中心，关注创新教育的一种教学模式，要在课堂教学中体现学生的主体地位和教师的引导、启发作用，混合式学习模式是以实践性教学过程为宗旨的教学方法，采用

先进的教学理念和教学思想，运用现代化的教学手段，围绕学生自主学习能力的激发与引导而构建的教学系统。混合式教学模式充分利用网络教学资源，突破时间和空间的限制，这种教学模式改变了传统教学模式中的理论框架，通过实践将英语知识运用到生活中，有效地提升了英语教学的效率，提升了学生的综合学习能力。

（二）信息化背景下混合教学模式的作用

混合教学模式能够打破传统学习方式，创建不受时间与空间限制的学习环境，带给学生全新的体验，使得英语教育的平台得以拓展，在传统的教学手段上实现教学方法的创新。新媒体拥有更广的发展空间，使得大学英语的教学不再只停留在讲台之上，在摸索与实践中不断创新教学方法。在信息化背景下，混合教学模式使大学英语教育的资源更加丰富，传统的教育模式中的教学资源仅仅停留在教材之上，或配备一些听力材料或者练习册等，学生对枯燥的英语学习本就没有足够的兴趣，再加上听力训练和练习题，使得学生的大学英语课程失去了趣味，混合教学模式具有很强的适用性，并随着时间的推移与现代化网络技术的日益成熟，在信息化的背景下，新媒体的使用越来越广泛，整合了众多的信息资源和媒体形式，教师能够将各单元的重点知识合理整合，按照知识点的类型进行整合分类，有利于提升大学英语教学的效率。信息化背景下混合教学模式为学生提供了更多的学习资源和发展空间。在教学过程中，教师可根据学生的个人性格因材施教，使学生主动参与大学英语教育。

大学英语作为必修课，在大学教学中占有重要的地位。大学英语课堂通常以大班形式授课，学生往往是被动的接受者。随着我国与世界各国之间的交流日益频繁，社会人才竞争日益激烈，目前市场对于具备英语综合能力的人才需求急迫，但是当前许多学生的英语水平整体还比较薄弱，教师没有为学生提供良好的学习环境，也没有营造浓厚的学习氛围，更没有根据学生的性格特点、兴趣爱好设定教学课程，极大程度降低了学生的学习兴趣。教师在教学过程中，在一定程度上忽略了信息技术的使用，与当前网络急速发展的社会现象出现了脱节。

二、信息化背景下大学英语多元混合式教学模式理论基础

（一）人本主义心理学派学习观

人本主义学习的代表人物是罗杰斯，其观点将学生作为教学的主体。他认为，在学习的过程中，教师在传授知识的同时，要为学生创造轻松的学习环境，使得学生在学习的过程中减少压力，能够体现教师对学生指导的意义。教师在教学的过程中，要留心观察学生的一举一动，还要时刻关注学生的学习情况，对于在学习上有问题的学

生，要及时进行辅导，并对学生进行鼓励，对表现优异而且能够帮助他人的学生给予表扬。在此环境中，教师要帮助学生形成良好的自主学习意识，使学生能够在脱离课堂的环境下有规律、有方法地进行自主学习。人本主义学习观对于知识的定义是能够展现学生表现与价值的主题内部结构，该学习观强调学生的自主观念，从很多方面都体现了以学生为中心的真正含义。

（二）现代认知心理学派学习观

建构主义在 20 世纪 90 年代开始流行，其代表人物是皮亚杰，他们认为知识的形成是外部环境和内部环境共同作用的结果，学生在自我学习的同时，能够同构在学校的学习，通过教师的指导获得知识，同时也能在相应的社会背景下通过时间和摸索获得学校以外的知识，在构建知识体系的过程中逐渐理解学习的内涵。这也是教师工作的重要任务。教师在教授学生知识的同时，要帮助学生构建知识体系、掌握学习方法。在认知派的建构主义学习观中，强调了外部环境的重要性，外部的环境会对学生的学习状态和学习效果造成一定的影响，好的学习环境能够为学生创造好的学习氛围，从而提升学生学习的主动性，帮助学生更好地建构知识体系。

三、信息化背景下大学英语多元混合式教学模式改革策略

（一）线上学习资源整合

大学英语教育在新形势下的发展方向是为社会经济发展输送复合型应用人才，在大学英语教学实践当中应将对应学科专业知识进行融合，减轻了学生的学习负担，使学生学习英语知识更加具有针对性。信息教学主要是依靠信息时代而言，而信息时代具有交互性、开放性、丰富性等特点。因此，应充分发挥优势，为学生提供丰富的教学资源。混合式学习模式与大学英语教学目标产生极大的契合性，帮助大学英语教学目标更好的实现。在混合式学习模式当中的学习任务目标设立中，融入对应学科知识的教学方向，同时在教学情境设计当中融入对应学科知识元素。不仅使学生能够更加准确地对英语知识进行理解，而且也间接地对对应学科知识进行了学习，教师可根据学习内容，选择重点的部分，设置悬念问题，引发学生思考，在课堂上更好地营造教学情境，充分吸引学生注意力，提升学生学习兴趣。此外，大学还需定时开展知识讲座，及时更新教学内容，真正做到与时俱进为学生扩充教学资源，从而提升学生学习效率。

（二）创新教学模式

信息化教学是一种全新的教学模式，它以学生作为课堂主体，还可与各种教学手

段相融合，以此培养学生的自学能力、表达能力和英语综合能力。教师可在导入新课这一环节中，利用信息资源的丰富性与开放性，从不同的方面与角度为学生提供教育资源，并将其用多样的方式呈现给学生，来激发学生的学习兴趣。可以引入翻转课堂教学法，教师可利用教学平台将重点的学习资料上传至云端，学生可根据个人情况选择适合的时间自主学习和下载，有时教师可将教学内容进行筛选，为学生创建有趣的情境，使学生投入情境中，主动参与学习。翻转课堂打破了传统教育模式的禁锢，将课堂时间进行了重新规划，在课堂时间可以为学生们解答疑问、重点拔高，对课堂时间的合理安排是翻转课堂的优势所在。合理的课程安排能够使学生的注意力保持集中，积极参与课堂互助。此外，教师也可将学生分成小组，时常询问小组协作类问题，以此培养学生团队协作能力，并能利用团队工作监督部分学生。在大学英语教学中会出现较多的教学重点与教学难点，因此教师要适当挖掘教材的潜在内容，利用信息技术手段为学生创设情境，使学生直观地感受到情境中的语言、环境等，从而使学生融入角色中，引起共鸣。慕课教学不同于传统模式的教学，慕课教学能够充分调动学生的积极性，并根据学生的实际需求设置灵活的课程内容，而且课上课后都可以进行英语的学习，使教学模式更加新颖，支持学生个性化学习。教师可通过互联网对学生的学习情况进行考核，同时学生也可以借助校园网络对教师的教学情况进行评价。

（三）改革教学方法

信息化背景下大学英语多元混合式教学模式可与多种教学模式相融合，进行创新与整合，逐渐形成新的教学方法。互动式教学模式是较为新颖的教学手段，在大学英语教学中有着重要的作用。互动式的教学模式是不同于传统的教学模式，其具有创新性、创造性的特征。其注重教师与学生之间的互动和交流，教师在课堂上组织相关的课堂活动，提高学生的学习兴趣，互动式教学模式旨在提高学生的综合素质，打破传统教学模式中的束缚，保持师生彼此之间身份平等的互动。应建立信息化学习平台，为学生提供了丰富的学习资源与海量的知识，两者共同组成了教学模式系统模型的根基。创建现实的情景认知、信息交融、合作学习等具体功能服务且为英语教学模式系统中的学生提供相应的服务应用，通过相关教学法的借鉴和融合，混合式教学法逐渐体现出实效性。

为了加强大学生英语能力的培养，首先，要清楚语言学习和语言应用能力之间的关系，防止基础能力和上层能力有所冲突。想要有效地提高大学生的英语应用能力就要摒弃传统的教育观念，将应用能力作为培养的根本目标，把教学模式从传统的知识讲授转变为语言知识和语言技能的学习。其次，需要根据学生的学习能力和现阶段对英语的要求制订合理的教学方案和课程安排，加强重点性和有特色的英语大纲安排。最后，还需要重视英语的人文教育，提升学生自主学习的意识和能力，重视对学生的奖励机制，能够最大限度调动学生的学习积极性。在加强跨文化知识的学习、提高英语应用能力的同时也要加强文化思想培养，二者要相结合，不可偏失。

随着移动互联网的普及与应用，教育领域发生了巨大的变革和创新。早在 2010 年的高等教育英语课程教学要求中就明确提出："各校应积极引进和使用计算机、网络技术等现代化教学手段，开发和利用数字化教学资源，构建适合学生个性化学习和自主学习的新的教学模式，培养学生的自主学习能力；借助虚拟现实技术构建仿真的职业工作场景，提高学生的职场交际能力。"2012 年教育部相继印发了《教育信息化十年发展规划 2011—2020》，其中也提到了"加快职业教育信息化建设，支撑高素质技能型人才培养"。为此，以互联网技术支持为特征的混合式教学模式在当今大学课堂上得到了广泛的应用并且取得了良好的教学效果。本文以在"互联网 +"背景下，结合大学英语教学现状，着重探究混合式教学模式在大学英语教学过程中提升学生英语应用能力的策略。

当"互联网 + 教育"融合时，学生不再局限于学校和课堂，而是通过一部电脑或移动终端、一个教育专用网站就可自主选择学校，选择老师。这种模式不但没有取代传统教育，反而让传统教育焕发出新的活力。

随着教育信息化技术的深入应用，混合式教学再次吸引了人们的注意，它把以往的教学优势和数字化教学优势有效结合，形成互补，进而获得更好的教学效果。

美国学者斯密斯与艾勒特·马西埃在 2002 年时提出混合式教学，即把传统模式下的学习与 E-learning 这种纯技术模式相结合。华东师范大学的何克抗教授把"混合式教学模式"定义为"把传统教学方式的优势和网络化教学的优势结合起来，既发挥教师引导、启发、监控教学过程的主导作用，又充分体现学生作为学习过程主体的主动性与创造性"。其中我们不难发现这种混合式教学理论其实是把建构主义学习理论、人本主义学习理论与结构主义学习理论相结合，其中混合式教学受建构主义学习理论的影响最大。在混合式教学模式中，要求学生主动地接受知识，是信息的加工者。

高等教育是我国教育体系的最高层次，不仅承担培养学术人才的重任，而且还承担为各行各业培养技能型人才的重任。大学英语是高等教育中一门必修课。刘黛琳教授提出"英语着力提高学生的语言应用能力、职业技能与职业素养，促进学生全面发展"。如今，各大高校的外语教学改革正在如火如荼地进行，且一些高校已取得了阶段性的成果。

四、"互联网＋"时代下混合式教学模式提升学生的英语应用能力策略

"互联网＋"的演进与发展离不开网络背后的大数据，信息技术的支持加上知识推进了向智慧型学习环境的创新。在"互联网＋"背景下，融入混合式教学模式的大学英语提高学生英语应用能力的策略有以下三个方面。

1. 基于混合式教学模式，构建网络教学平台提升大学生英语综合应用能力

混合式教学模式将传统教学模式的优势和网络教学的优势相结合，以建构主义学习理论为基础。混合式教学模式在大学英语课堂中的应用可以充分调动学生自主学习英语的主动性。虽然一些学生的英语基础较差，但是能够主动对所学英语知识进行探索和发现。通过混合式教学模式，教师不但可以利用网络进行授课，还可以利用备课、布置作业、批阅作业、在线答问的方式进行授课，学生也可以在线下与老师互动，答疑解惑。比如，通过网络教学平台，教师将上课的资料上传到教学平台上，学生在课余时间既可温故知新，又可在网上完成老师布置的作业，老师可以集中回答学生提出的问题。这种学习平台强化了大学英语教学中的实践教学环节，提升了学生听、说、读、写、译的综合能力，让学生真正体验到语言交际功能。

2. 基于混合式教学模式，构建真实职场环境提升学生英语文化素养和职业素养能力

正如刘黛琳教授所说："高校外语教学改革，必须以外语能力为核心，以职场背景为依托，以实践实训为途径，提高职场环境下的外语交流能力。"在大学英语课堂教学中，教师对网络中采集的音频、视频素材进行编辑，使其成为上课的多媒体课件。这些资料使学生置于真实的语言环境中，能更直观地感受纯正的英语发音和真实的工作场景，有利于激发学生课堂学习英语的兴趣。此外，师生间的互动途径增多，课上师生直接面对面地交流，课下通过微信或 QQ 等聊天工具，学生和老师不受时间和空间的限制，从而为学生学好英语提供便利条件。比如，笔者在每学年都会为所教班级建立一个 QQ 群或微信群，方便学生和老师交流。在 QQ 群或微信群中，每个班级的课代表承担管理员的职责，帮助老师管理群，发布信息，汇总学生问题，笔者只需解决学生的实际问题。这个小小的 QQ 群或微信群类似一个小小的工作环境，进而让学生提前体验真实职场。

3. 基于混合式教学模式，促使英语教师提升信息技术应用能力

在混合式教学中，微课中展现的语法、语言现象及语言展示可以让学生更生动直观地理解。此外，教师制作微课时，能把所教知识的积累从以前的备课教案变成文字

影视等数字材料。教师可以根据课堂讲授内容更灵活地利用这些数字材料，让课堂更具有吸引力。慕课使学生的学习时间和地点更灵活。不难看出，在当今大学中，不断增加微课、慕课的课堂比例，可以有效提高学生的学习兴趣，还能激励教师不断提升技术技能。

随着信息技术的发展，以计算机与网络为特征的教学媒体逐渐改变了传统的教学环境和手段。2007年教育部颁发的《大学英语课程教学要求》中指出，"大学英语的教学目标是培养学生的英语综合运用能力，提高综合素养"，并明确指出了"各高校应充分利用现代信息技术，特别是以网络技术为支撑，采用新的教学模式改进原来的以教师为主的单一课堂教学模式向自主学习的方向发展"。由此，高校英语教学必须面对信息技术对传统教学方法的冲击，而多元互动教学模式可以使英语教与学在一定程度上不受时间和地点的限制，促进教学质量提升，全面提高学生英语综合应用能力。

瑞士哲学家、心理学家皮亚杰提出的建构主义，是多元互动教学模式的理论依据之一。其核心思想是：知识不是以传授、以孤立方式获得的，而是在学习已有经验的基础上，通过与外界的相互作用，重新建构内容与意义的方式获得的。其核心内容便是强调以学生为中心，以学生为驱动，而教师在整个教学过程中，只是引导者和促进者。

此外，混合学习理论也是多元互动教学模式的另一个理论基础。这一理论是要把传统学习方式的优势与信息技术的优势结合起来，在多元互动过程中，既发挥教师引导、启发、监控整个教学过程的作用，又能充分体现学习主体的主动性、积极性和创造性。

信息技术环境下的多元互动，就是学生主动参与整个学习过程，在老师的指导和帮助下，通过学校提供的信息技术条件，调动自身认知经验与学习能力，主动理解、诠释和建构知识的自主学习过程。

1. 教学方式的灵活性

在信息技术环境下的多元互动教学模式中，教学方式包括教方法、教学手段、教学内容、教学组织形式等，这些因素相互组合，相互交织，供师生充分利用，有效培养学生自主学习能力。

2. 教学环境的开放性

信息技术环境在提供了丰富的英语学习资源的同时，也为学生拓展了学习渠道。教学资源的互通有无，使得学习者具有更大的学习主动权和自主选择权。学生可以根据自己的兴趣爱好和学习要求，自由选择学习的内容、时间和地点，通过信息技术平台整合、分析信息，根据自己的具体情况制订学习进度。而教师也可以依据信息技术平台，一方面对学生的学习内容进行监测，对学生的学习进度进行监督提醒，以保证学生不会偏离教学的主题；另一方面，也可以与不同地区、不同学校的同行进行相互交流。

3. 教学过程的主动性

随着信息技术及各种学习软件的推广，为学生提供了更多的学习机遇。学生可以通过信息平台，用图像、音频及文字等方式，与同学、教师即时互动，这样可以让学生获得更多的话语权，可以最大限度地展示自己的学习主动性以及自主学习的能力。

4. 教学评估的多样性

教学评估是大学英语课程教学的一个重环节。单一的教学模式，其评价也存在片面性。信息技术环境下的多元互动教学评估，关注学生在多元互动过程中的体验、情感及态度，采取"学生自评＋教师评价"的方式，然后结合学生自主学习系统的记录，从试卷考试、线上学习以及课下活动几个方面进行教学评估。

信息技术环境下多元互动教学模式，坚持教学并重，教师要起到导学、促学、督学的作用，要成为课程主动开发者，还要不断提升自己的教学理论水平，更要掌握现代化信息技术。一方面依据教学大纲，对学生的综合能力进行全面评估，进而设定合理的教学要求及目标；另一方面，要积极向学生传授大学英语学习方法，引导学生了解每次课的总体设计，熟悉教学过程中所有的教学活动，并制订可行的学习目标，同时指导学生学会使用新的技术手段，掌握英语互动学习的技能，使其学会利用信息技术组织整合英语知识要点，进而完成知识的内化。最后，还应该对学生的学习过程进行跟踪和监控，一方面及时解答学生学习过程中出现的问题，以保障学习进度和效果，一方面以培养学生英语学习兴趣为重点，在教学过程中，从"教什么"入手，思考"如何教"，要创设有利于学生学习的语言环境，组织丰富多样的教学活动，还要鼓励学生大胆展示，以充分调动学生学习的积极性，培养学生学习的好奇心和求知欲，并反思"教得如何"，总结教学经验，提高教学效果。

信息技术环境下多元互动的教学模式，要求学生在学习动机、学习策略及学习时间上成为主动构建者。学生应该充分发挥主体作用，在课前、课中及课后，积极参与教师所设计的一系列教学活动，进一步提高解决问题的能力，并主动运用信息平台，积极与教师、同学进行网上交流，分享学习经验，探讨研究问题，并反馈学习信息等。另一方面，学生在获取丰富的学习资源后，需要对适合自己水平的学习内容进行筛选，有意识地培养自己的思维创新意识，能够不断提升发现问题、解决问题的能力。

信息技术环境下的多元互动大学英语教学模式充满了挑战性。面对挑战的教师会在完善自己专业知识结构的同时，熟练应用信息技术，当学生的学习行为受到阻碍时，教师能针对具体问题采取卓有成效的方法和手段，从而引导学生去克服障碍，即：一方面对学生进行学业上的指导，另一方面对学生进行心理上的疏导。另外，学生对信息环境下的教师素质有着很高期望，希望教师有诲人不倦的耐心，有良好的表达能力，能给出有效建议，有乐观的生活态度，并且能鼓励他们的创造性思维。由此可见，在信息技术环境下多元互动的英语教学模式下，教师需要不断调整教学思路和方式，在品德、知识、能力、情感以及教育理念等方面不断完善自我，通过自己的积极作用来影响学生的学习行为。

信息技术环境下多元互动模式也提高了对学生的要求。一方面，学生要学会管理时间，通过科学地安排线上线下学习，可以熟练掌握基础知识及听、说、读、译的技巧。一方面，学生能在教师初期的督促下，逐步自主学习，并在这个过程中，学会根据自己的水平、目标，筛选学习内容，能够个体独立学习，与教师沟通，与同学交流，养成发现问题、解决问题、总结经验的好习惯，从而提高学生的沟通、合作等综合能力。

综上所述，随着教育信息数字化、现代化的发展，多元互动英语教学模式，不仅为学生学习英语提供了更加便利的条件，而且对教师、学生提出了新的要求。信息技术环境下多元互动大学英语教学模式，采取了多种教学手段和更丰富的教学内容，最终力求达到最好的教学效果。

第二节　信息化环境下大学英语立体式教学模式

在网络技术与通信技术飞速发展的过程中，立体式教学所具有的便利性、普适性等特征，已逐渐成为现代化信息技术教学未来发展的必然方向。英语一直是学生学习较为困难的学科，立体式教学模式的出现，能够为学生提供更多有利的学习资源，改变学生以往的学习模式，通过与教师、同学之间的及时沟通，能够有效提升学生的学习兴趣及效率，进而让英语成为当代学生必备的基本技能，提高学生的整体英语水平，促进学生英语能力提升，为日后良好发展打下坚实基础。

一、大学英语立体化教学模式概述

立体化教学是以学生为中心，着重关注创新教育的一种教学模式，其充分考虑学习者的学习心理，设计人性化的教学结构。大学英语是一门实践性和应用性都十分强的学科，学生想要具备较强的英语能力，就需要扎实地学习课本上的知识，同时还可以通过实践将英语知识运用到生活中。这就需要在传统的教学方法的基础上，采用先进的教学理念和教学思想，运用现代化的教学手段，形成全新的立体化教学模式。立体化教学模式充分利用网络教学资源，突破时间和空间的限制，有效地提升了英语教学的效率，将课堂教学与课后实践很好地结合，提升学生的综合学习能力。

二、立体化模式在大学英语教学中的作用

1. 带给学生全新的体验

随着网络信息技术的不断深入发展，网络通信技术实现了质的飞跃，在这样的背景下，立体化教学模式应运而生，这种全新的学习方式在某种程度上促进了终身教育的发展，也得到了相关教育学者的认可。在英语教学中构建立体化教学模式系统模型的可行性，主要体现在以下两点。首先，立体化教学模式能够打破传统学习方式。对于立体化教学模式来说，它是以网络通信技术为基础，采用多种教学方式结合而进行学习的一种现代化先进方式。因此，在立体化教学模式系统模型中，不仅包含使用移动设备的学习、扩展实景式学习，跨地点学习同样属于该范畴，立体化教学模式在学校正常教育的基础上，尝试用网络技术来提升教学质量以及管理水平，呈现出独特性等优势。创建不受时间与空间限制的学习环境，是每位教师共同追求的目标，将立体化教学模式模型引进英语教学中，能让教学遍布各个角落，教师不仅可以将所传授的知识提前上传到平台当中，同时还能将教学信息、教学课件等长期保存到移动设备中，及时共享给平板电脑、笔记本、手机等多种电子设备。立体化教学模式系统能够充分转变原有教学模式，为学生带来全新的学习体验。

2. 具有很强的适用性

立体化教学模式系统对于语言类学习尤为适合，最早开发的立体化教学模式系统就包含了许多语言类的学习项目。但学习语言并不是一蹴而就的，它涉及的内容种类复杂，相比其他立体化教学模式项目，语言类的进展与开发相对较为迟缓。随着时间的推移与现代化网络技术的日益成熟，当前已形成了独立完整的语言系统。在21世纪，移动通信设备全面进入了大众消费时期，同时这一转变为英语立体化教学模式系统模型的构建提供了契机，并且国外许多国家已经提供了较为丰富且值得借鉴与参考的研究成果，这让国内学者们看到了新希望，他们认为立体化教学模式必然会成为英语学习将来发展的方向。目前，国内英语立体化教学模式软件已较为普遍，比如新浪、搜狐、百度云等影响力较大的网站都相继开发了移动设备的学习软件，国内目前最为完善的新东方英语培训中心，就运用自身开发的独特系统，培养了大量优秀英语专业人才，

其教学团队与北大教育研究中心共同编制了适用于英语立体化教学模式的教材，为各大高校构建英语立体化学习模式提供了参考依据。

三、信息环境下大学英语立体教学模式的应用策略

1.提高教学资源质量

信息教学是依托信息时代而言的，而信息时代具有交互性、开放性、丰富性等特点。因此，教师应把握信息教学的特点，充分发挥优势，利用网络的大数据为学生提供丰富的教学资源，同时凭借网络带给学生的趣味性构建网络课堂。网络课堂能够突破时间、空间的限制，使学生足不出户便能学习到知识。但网络教育也有不足之处，对于学习不够主动的学生来说，网络课程无法有效提升学生的学习效率。为此，教师可在网络课程上发布短时教学视频，视频内容设置为上一节课的重点、难点内容以及下一节课重点学习的内容，也可设置为悬念问题，来引发学生思考，并在新课开始前对学生进行提问，使学生自发展现学习成果，为新课教学奠定基础。专业化教师队伍是教学环节中最重要的资源之一，而我国部分大学英语教师专业能力不足，无法满足学生的学习需求。为此，大学可为英语教学建设专业化师资队伍，队伍中不仅需要包括专业化本土英语教师以及外籍教师，而且还需包含具有信息技能的专业人员。本土英语教师可保障学生对英语知识的充分理解，外籍英语教师可有效提升学生的英语语感，以增强学生听、说的能力。而专业信息技术人员可帮助教师利用信息技术手段为学生直观地展现英语知识。从而使教师在课堂上更好地营造教学情境，以充分吸引学生的注意力，提升学生的学习兴趣。此外，建设专业化教师队伍还需创新原有评估体系，将教师教学能力、教学表现等作为评估指标，同时建立考核机制，筛选专业技能不足的教师，并对其进行培训，使其具备优秀教学技能。此外，大学还需定时为教师开展教学技能培训讲座，及时更新教学内容，真正做到与时俱进，从而提升学生的学习效率。

2.转变教学理念，创新教学模式

信息化教学是一种全新的教学模式，它可以利用信息资源为学生提供教学内容，并将学生作为课堂主体，以此培养学生的自学能力与表达能力甚至是道德情感能力。教师可构建一个英语学习的公众号，每天发布相关知识，并将课堂教学中的重点、难点再次利用有趣的方式展示给学生，同时开放评论功能，学生可在公众号上发布自己的言论与看法，真正发挥信息化时代言论自由的特点。教师可通过评论了解学生对英语的真实看法，同时也能充分了解学生的学习特点，从而根据学生的评论内容满足学生学习需求。英语教学较为枯燥，大部分学生学习兴趣不浓，要想将英语教学转化为

学生主动接受的趣味性教学，可利用丰富的信息资源将新课导入。导入新课这一教学环节是整个教学体系的基础，对学生是否能够一心投入课堂之中有着很大的影响力。教师可在导入新课这一环节中，利用信息资源的丰富性与开放性，从不同的方面与角度为学生提供教育资源，并将其用多样的方式呈现给学生，激发学生的学习兴趣。有时，教师可将教学内容进行筛选，为学生创建有趣的情境，使学生投入情境中，使其能够主动参与学习；教师也可利用悬念，诱发学生学习动机；或利用信息技术手段，为学生营造趣味课堂氛围，为新课讲解做铺垫。在大学英语教学中，会出现较多的教学重点与教学难点，因此教师要适当挖掘教材的潜在内容，利用信息技术手段为学生创设情境，使学生直观地感受到情境中的语言、环境等，从而使学生融入角色中，产生共鸣。例如，在讲解与国外文化相关的教学内容时，教师可利用多媒体课件为学生展现相关国家的整体面貌、风土人情等，并利用多媒体展现所学内容的背景知识，使学生注意力保持集中，积极参与课堂活动。此外，教师也可将学生分为几个小组，时常询问小组协作类问题，以此培养学生的团队协作能力，并能利用团队工作监督部分学生。

3. 建立分层学习系统

分层学习充分实现了现代信息化学习模式与立体化教学模式体系的相互融合，分别按照四个维度进行划分，由下到上依次为数据支持层、学习资源统一标准层、学习服务层以及移动连接层，上层通过利用下层所提供的服务来实现立体化教学模式有关的功能。对于各层所具有的功能进行如下描述：数据支持层主要包括校园移动网络环境、信息化学习平台及有关资源，校园网络是立体化教学模式的通信基础及学习环境的保障，而信息化学习平台则为学生提供了丰富的学习资源与海量的知识，两者共同组成了立体化教学模式系统模型的根基。学习资源统一标准层是以学习的主体对象为主要方式，进而重新构建并组织信息化学习资源，以此来实现无线移动网络技术与学习资源一体化标准。学习服务层是在上层的基础上来创建现实的情景认知、信息交融、合作学习等具体功能服务的重要连接零件，且为英语立体化教学模式系统中的学生提供相应的服务应用。最上面的移动连接层可以让学生通过不同种类的移动客户端，向学习服务层寻求相应的帮助，从而完成整体在移动系统中的学习。

4. 建设一体化的移动环境

在构建立体化教学模式系统模型的初期，学校首先应解决两个重要问题，其一是构建能够成为立体化教学模式系统应用与拓展网络环境的载体，其二是搭建适合的立体化教学。

新创建的无线网络与有线网络、重新创建的立体化教学模式资源以及信息化学习资源应充分结合，最终形成一体化的信息集成学习环境。英语课程在建设校园网络的过程中，无线网络将会长期成为传统有线网络的扩充，是以区域示范的形式进行布局的，容易造成网络覆盖范围窄、网络信息号不稳定等不良状况，无法满足学生学习英语的需求，甚至还会降低学生的学习效率。所以，支撑英语立体化教学模式的校园无线网应具备形式、高效、迅速、拓展等特点。其中形式也就是所谓的网络规模，它主要指的是无线网络在布局上应全面考虑到信号的稳定性以及网络的覆盖范围，分析用户的密集度，确保学生在使用时能够在校园的网络范围中自由连接无线网，实现移动互联网的现代智能化。

四、立体口译外语教学模式实践

大数据时代背景下，以现代技术为依托，基于口译训练理论构建的立体外语教学模式应兼顾语言文化、知识技能和综合能力的培养。一学年的实证研究表明，立体口译外语教学模式符合学科特点，并且全方位提升了实验组学生的跨文化交际能力。这一有效教学模式能够顺应多模态信息化的学习环境，对接国家的人才发展战略，对于各级外语教学改革具有一定的参考价值。

（一）立体式外语教学与口译模式

1. 立体式外语教学

立体式教学是全方位、多极化的教学，既要注重外语各项技能的综合训练，又要注重师生间互动、学生间互动等多方互动的教学；更应注意教学观点模态技巧的相互关联和连贯，以促进教学的系统性发展。多元化立体式多媒体教学模式，尤其注重立体信息输入模态、自我驱动模态、电子交互模态与文化意识培养模态的综合运用。可以说，多方互动的立体式教学符合语言的本质特点，适应大数据时代特征，同时顺应了教改趋势。然而传统课堂常让人感叹：时间都去哪儿了？漫长课时收效甚微，而不少通过等级考试的学生仍难以有效地跨文化交流。我们该如何开展立体化教学以及培养国际化人才呢？

2. 口译训练与外语教学

口译是一种集视、听、说、写、读思维之大成的综合性语言操作活动，训练口译能力的过程也是培养外语综合素质的过程。口译训练在外语教学中的作用已经逐渐得到关注。口译界著名领军人物 Daniel Gile 提出语言学习和口译学习之间的重叠在外语教学过程中是不可避免的，口译教学的手段在语言教学中极为有效，并值得借鉴。刘和平也肯定了口译是语言教学方法之一。

将口译训练引入外语教学的设想和实验是近年兴起的新研究领域。在理论视角上，谢庆立指出，新一轮的大学英语教学改革正蓄势待发，口译课作为以技能训练为主的实用型课程与大学英语教学改革的要求有许多不谋而合之处，将口译课引入大学英语教学是值得尝试的举措。实证研究方面，上海理工大学面向非英语专业学生的口译教学实践和问卷调查表明在理工科院校为非英语专业学生开设口译课程的必要性和可行性。日本语言学家曾以中国的日语学习者为实验对象，进行了为期三个月的影子跟读训练，结果显示在影子练习法下学习者的语音和语感可以得到明显提升。全国高校近十年的毕业调查证明口译技能训练能提高外语学习者的综合应用能力，并产生多方面积极深远的影响。

国内外将口译训练引入语言教学的研究主要围绕着口译理论、单项技能训练在外语课堂上的运用、开设口译选修课的可行性等方面探讨。但鲜有能服务于大学英语的口译课堂模式，关于如何系统运用口译训练模式进行立体化外语教学也较少提及。

（二）基于口译模式的立体式外语教学

1. 基于翻转课堂的跨文化外语教学研究

此前，笔者在跨文化外语教学实验过程中，根据外语人文性和工具性的特点，以学生为中心，提出以教学目标为驱动的翻转课堂总循环图。教学活动以预定的教学目标 AIMS（目标）为起点，指导并推动各教学环节的进行；以微课为导入，通过各环节的逐一实现，再完善最初的总目标；S（Students）表明教学过程以生为本，环节间的箭头颜色由浅到深，体现学习能量的持续吸收深化并转为综合素质的过程。在此，我们延拓跨文化外语教学研究，把专业口译模式融入立体教学，从微观层面进行实证研究。

2. 口译训练模式与立体式外语教学

Gile 的口译理解模式为 OKL+ELK+A，即理解＝语言知识＋言外知识＋分析。厦门大学口译研究小组根据吉尔模式提出口译训练模式，即厦门大学模式。在这个模式中，I=Interpreting（口译结果）；A（D+CC）为：对语篇（Discourse）与跨文化交际成分（Cross cultural communication）的分析；C（SL+K）（Comprehension in source language+Knowledge）是对原语及原语外知识的理解；S+P（Skills+Professional standard）是译员的职业准则与口译技巧；R（TL+K）（Reconstruction in target language+Knowledge）是口译者在目的语中对原语信息进行重组以完成口译工作。厦大模式拓展版在保留核心内容的基础上，通过添加 FB（Foundation Building）"口译准备"和 QC（Quality Control）"质量监控"两大模块，使口译训练更加科学系统化。

　　大数据时代，语言文化信息不断更新、现代技术飞速进步，同时学生入学时语言水平整体提升，使得口译训练与立体式语言教学有了更多契合点。口译模式以技能训练为核心，着力培养译者作为跨文化交际桥梁的核心能力，兼备综合性和实践性，与英语教学的全面技能定位和培养目标具有高度一致性。口译教材立体化与大学英语教学多媒体化的一致性有利于整合先进有效的学习资源，且随着电脑、手机、录像机、录音笔、教学软件等远程训练设备的应用，将口译训练模式与多模态教技结合，实现立体教学。

　　我们通过语言技能与文化主题结合的线索，构建立体口译外语教学模式。第一，FB 模块在每单元开始前，明确说明写译的输出任务，要求学生做好语言、知识和心理准备。第二，A（D+CC）模块引导学生对语篇与中西方跨文化交际成分进行分析。文化可分为交际文化与知识文化，知识文化对跨文化交际不会产生直接影响，而交际文化则会产生直接影响。教师应当引导学生学习语言并分析文化背景、文化语境、社会习俗、世界观、价值观等潜在交际文化。第三，C（SL+K）用于多模态的原语及原语外知识的语料输入，锻炼言语逻辑，加强口语表达。这三个模块属于多模态、多视角输入，可选用优秀的微课与慕课资源来辅助教学。根据输出驱动假设理论，教学过程中输出比输入对外语学习的内驱力更大，输出驱动不仅可以促进学生接受对语言知识的运用，而且可以激发其学习新语言知识的欲望。在新模式里，教师先设计好输出任务，然后根据学生完成前三模块的输入任务过程预设问题，帮助并鼓励学生补充相关输入材料，以备下一环节学习。第四，S+P 模块体现了语言的交际功能，在视听说训练中融入基础口译技能以提高其信息内化能力。第五，R 模块创设多模态交际情境训练，是立体化信息重组输出环节。学生就相关题材进行交替传译、主题演讲等活动，于课外完成相应的写译任务，巩固交际能力。第六，QC 质量评估模块通过宏观和微观环节来检测语言技能、文化认知与交际思辨等，包括自我测验、小组多互动和互评及教师测评等多元评估体系。

第三节　翻转课堂教学模式在大学英语听说课中的应用

当前，信息技术的发展带来了教育的变革，教育信息化趋势不可逆转。我国《教育信息化十年发展规划（2011—2020年）》明确指出，"教育信息化的发展要以学习方式和教育模式创新为核心"。2011年，萨尔曼·可汗在TED大会上作了名为"用视频重塑教育"的重要演讲，将一种全新的教学模式——翻转课堂介绍给全世界，引起了广大教育者的关注。

听说在外语学习中占了很大的比重，《大学英语课程教学要求》提出要培养学生的综合英语应用能力，尤其是听说能力，并明确指出：各高校应充分利用现代信息技术，改进单一的教学模式，在现代信息技术与网络技术的支持下，使英语教学不受时间与地点的限制，实现个性化学习与自主学习。大学英语听说课现行的"教师利用多媒体集中授课—学生利用网络教学平台自主学习"的教学模式本身具有一定的优势，但不足也是显而易见。这种教学模式受课时限制，难以实现知识的内化，学生更像是被动的接受者，缺乏积极探索精神，学生在自主学习的过程中没有教学指导和监控，没有及时交流和互动，导致自主学习效果不佳等问题突出。因此，大学英语听说教学要实现高效利用多媒体，顺利完成知识的输入和内化并真正实现学生学习个性化，需要探索更为完善、更为符合现今大学英语听说教学实情的教学模式。

在理论上，大学英语听说课翻转课堂教学模式的应用研究可以拓宽教育信息化路径，丰富建构主义学习理论、教育目标分类学理论和自主学习理论，实现以学生为中心的教学模式的创新。在实践中，大学英语听说课翻转课堂教学模式的应用研究可以为教师提供一种更完善、更符合实际的大学英语听说课的教学模式；可以提升学生学习兴趣，可以在促进大学英语听说课成绩的基础上进一步提升学生的听说能力。

翻转课堂是传统课堂教学流程的一种变革模式，让学生在课前通过观看教学视频或其他教学材料完成知识学习，而课堂时间则主要用于交互协作和知识巩固，使得自主式、分布式和合作式情境学习成为可能。美国富兰克林学院的Rober教授总结出了翻转课堂教学实施过程的关键性步骤，创造性地提出了课前、课中的翻转课堂教学系统模型。我国研究者张金磊等人在参考Robert模型的基础上，构建了包括课前观看教学视频、平台交流、练习；课中确定问题、创建环境、独立探索、协作学习、成果交流、反馈评价系统的翻转课堂教学模式。

一、SPOC 翻转课堂

"SPOC"（small private online course）小规模限制性在线课程，这个概念是由加州大学伯克利分校的阿曼德·福克斯教授最早提出和使用的。Small 是指学生规模一般在几十人到几百人，Private 是指对学生设置限制性准入条件，达到要求的申请者才能被纳入 SPOC 课程。翻转课堂（flipped classroom）最早起源于美国，其定义众说纷纭，现在学术界一般认为：翻转课堂是在信息化环境中，教师先为学习者提供多种学习资源，让其在课前完成知识初步学习过程；随后在课堂上，师生一起通过答疑、小组讨论探究、互动交流等活动完成知识内化过程的一种新型的教学模式（朱宏洁，2013）。SPOC 翻转课堂将传统教学模式中的师生角色定位进行转换，对课堂时间进行重新规划，从而形成一种"教师主导—学生主体"相结合的新的教学模式。

二、SPOC 翻转课堂在大学商务英语课程中的具体应用

（一）商务英语课程 SPOC 翻转课堂学习模式案例设计

在大学商务英语教学实践过程中，在讲到"Sales Promotion"（产品促销）这一概念时，笔者发现，通过传统课堂教学模式（即教师单方面讲授）的方式，难以让学生深入理解并内化及应用以下这几个子概念："Product endorsement"（产品代言），"Productplacing"（产品植入），"competitions"（比赛赞助）以及"rewardcards"（会员卡模式）。为了加深学生的理解，笔者决定在这一概念的教学中，引入 SPOC 翻转课堂，具体课堂设计如下。

1. 课前准备阶段

（1）视频及素材准备。教师可将可利用的网络资源与自身教学需求相结合，制作出四段分别以"Product endorsement"（产品代言），"Productplacing"（产品植入），"competitions"（比赛赞助）以及"rewardcards"（会员卡模式）为主题的视频，供学生进行自主学习。

（2）相关课前练习活动的准备。根据视频学习内容，制定相关的课前练习，如口语练习、词汇练习、概念辨析等。将制作好的各段教学视频及相关课前练习活动通过社交平台或学习软件及 APP 发送给不同组别的学生。

2. 课堂展示及研讨阶段

（1）每个小组用5—7分钟展示其课前学习成果。

（2）教师及班级学生针对各小组的展示进行针对性提问，小组成员回答不全面或不准确之处，由老师及时进行补充及更正。

（3）针对小组内未解决的难点、疑点，在教师组织下，全班学生进行研讨，最后由教师进行总结答疑。

3. 课后测评阶段

通过学习软件，向学生发布与本单元学习内容相关的词汇测试、知识点测试，掌握学生学习效果。

（二）商务英语课程 SPOC 翻转课堂学习效果反馈

SPOC 翻转课堂将大学英语教学与现代信息技术深度融合，探索出了一种新型学习方式，从而调动学生的学习积极性、主动性及协作性，切实提高了学生的英语实践能力。SPOC 翻转课堂改变了传统"以教师为主体"的教学模式，引入"以学生为主体"的学习模式，推进了大学英语课堂的延伸，促进了大学英语有效学习的发生。

经实践证明，传统大学英语教学模式已不能满足当今教学需求，其不仅不能兼顾学生的差异性，而且也不利于激发学生的学习兴趣，这也无法调动学生学习的主动性。而微课作为一种新型的教学模式，由于具备短小精悍的特质，就为大学英语教学注入了更多活力与生机。对此，基于微课的翻转课堂就是将传统教学模式进行有效"翻转"，通过微课辅助英语教学，达到优化课堂教学效率，提升学生学习水平的目的。由此可知，微课与翻转课堂的深度融合，为大学英语课堂创造了更多资源，为大学生学习英语创造了更好的条件。所以，基于微课的翻转课堂在大学英语教学中的应用具有一定的可行性，值得教师深入探索与实践。

三、微课与翻转课堂的关系

微课是翻转课堂的基础，只有顺利完成微课学习内容的制作，学生才能够在英语课堂上与教师、学生进行良好互动，基于微课的翻转课堂才能得以有效实施。为此，只有精心设计的微课，才能保障翻转课堂在英语教学中的最佳效果。只有根植于翻转课堂，才能最大化发挥微课在英语课堂上的实用价值。综上所述。微课与翻转课堂关系密切，相辅相成，相得益彰，缺一不可。

四、基于微课的翻转课堂在大学英语教学中应用的可行性分析

（一）教师方面分析

其一，大学英语教师具有高学历与一定的专业能力，其两者相加决定了教师能够更好地接受微课教学模式。再加上，大部分英语教师偏于年轻化，就使得微课翻转课堂教学模式更有助于团队共同探索与研究，从而有效推动微课在英语课堂中的推广与实施。其二，据了解，50%以上的大学英语教师都具备一定的计算机技术基础与创新能力。基于此背景，多数英语教师为基于微课的翻转课堂的实现提供了良好的基础条件。

（二）学生方面分析

其一，自学生迈入大学校门，就说明学生已经掌握了一定的英语知识，能够顺利与朋友、教师进行良好的英语沟通，阐述自身的观点。那么，这就说明了，大学生具备的英语应用能力能够为基于微课的英语翻转课堂开展提供良好的沟通基础。其二，在大学阶段，学生的思想日益成熟，大部分学生已经具备了一定的自主学习意识甚至是能力。对此，基于微课的翻转课堂在大学英语课堂中的应用，可以更好地帮助学生进行学习，不断激发学生的学习兴趣，提升学生学习能力。

（三）教学环境方面分析

随着社会的快速发展与进步，电子产品更新换代速度越来越快，这使得移动设备日益多元化。基于此，就为大学英语教师教学提供了一定的教学设备基础。例如，通过网络的方式学习微课教学资源，也可以直接下载相关微课教学视频，不断提升学生学习效率与教师教学效率。

五、基于微课的翻转课堂在大学英语教学中的具体应用

（一）全面整合教学资源

据了解，部分教师在教学中仍以单纯的教材为主，难以调动学生的学习主动性和积极性。而随着微课翻转课堂在大学英语课堂中的应用，将英语教学重难点制成相关课件及教学视频，将教材与现代教学模式进行整合，就可以为学生提供个性化、丰富化的教学资源，进而起到优化教学课堂、激发学生学习兴趣、提升学生学习能力的作用。

例如，在"Hard work equals success"这一写作课程中，hard work 和 success 这一

主题与学生的生活息息相关。笔者在授课前后,会引导学生利用网络、手机等方式查找相关成功人士的资料,包括相关报道及小故事等。随后,教师通过整合学生搜集的不同资源制成微课课件进行授课。在这样的情况下,不仅能够营造良好的课堂氛围,还会激发学生学习兴趣,因为这些资料是学生自己搜集而得,会使学生产生极大的自豪感,进而起到优化课堂教学效率、提升学生学习注意力的作用。

(二)充分利用翻转教学模式

在大学英语教学中,基于微课的翻转课堂除了在授课过程中使用,也可以放在课下使用。只有充分利用翻转教学模式,才能更好地培养学生的英语思维,提升学生的英语学习水平。

例如,在一节课即将结束的时候,笔者向学生提出问题:"If you have alarge electronics company, how should you operate?"同时,笔者还会要求学生利用课余时间去搜索相关微课资料,并通过课下时间进行整理制成课件等,下堂课向学生阐述自身的想法。将学生需要了解的知识转移到课下,由学生自主完成,不仅节约了课堂教学时间,而且能够调动学生学习的积极性,进而提升课堂教学效率,实现双赢。

(三)翻转课堂在口语教学中的应用优势

首先,基于视频等新媒体方式来进行相关内容的展示,将其能够同时传输语言、声音和文字等信息的功能充分发挥出来,同时还能够呈现出互动、实用以及共享等优势特征,特别适合应用于大学口语教学当中。而基于微课形式来设计组织各项口语教学活动,既可以让学生充分感受到口语教学的魅力,也能够将学生的主观能动性充分发挥出来,还可以为学生实际语言应用能力、自主学习习惯的形成发展创造良好条件。

其次,微课翻转课堂可以通过更丰富、灵活的教学手段,以及更新颖、丰富的教学内容形式来增强学生的口语学习兴趣,这类教学模式更重视的还是学生的理解、接受程度。同时,基于视频制作也能够对口语发音做出进一步规范,避免由于教师在口音上存在的差异而给学生带来不利影响,通过不断优化教学融合、互动,能够让学生在接受、模仿过程中更轻松地完成发音的纠偏。

再次,基于微课翻转课堂开展的口语教学活动可以真正实现个性化教学,将学生的主观能动性全面激发、发挥出来,基于微课形式来进一步优化教学资源共享。微课资源的保存流通能够提供一定便利,可以为学生提供更理想的自主选择学习资源的空间,进一步优化口语学习,将学生个体差异充分突显出来。

最后,基于微课形式能够使得口语教学内容得到进一步拓展,使得教学容量得到显著增加。由于口语教学的特殊性，仅通过教师的口头讲解很难取得理想的教育效果。而通过发挥微课制作、翻转课堂的积极作用，既可以让学生随时都能够进行开口讲的环节，也可以让教师基于网络资源随时开展各个教学环节，进一步拓展学习内涵。此外，在进行微课制作过程中，教师可以选择原版视听资料等丰富多样的教学素材，模拟各种场景，让学生逐渐习惯以英语思维来进行思考表达，从不同角度将学生各方面潜能充分挖掘并发挥出来。

另外，作为一种较为新颖的教学模式，充分应用计算机、网络技术等手段是微课的典型特征，其在大学英语教学中的科学引用，不仅能使英语教学资源得到最大限度地开发与优化，同时学生通过基于翻转课堂教学模式，可以利用课余时间来自主学习，教师也可以通过听、跟读和互动等形式来开展丰富多样的口语训练活动，进而使得授课效果的大幅度提升。此外，基于微课制作，教师也能够更优质地完成各个备课环节，实现对学生认知发展需求、个性特点的充分考虑，以更丰富多样的手法来优化授课内容，帮助学生妥善处理口语学习中遇到的各类问题，构建更生动、高效的英语课堂，将微课与翻转课堂的优势特点充分发挥出来。

总而言之，基于微课的翻转课堂在大学英语教学中的应用，不仅能够激发学生学习兴趣，调动学生学习积极性，还能够不断提升学生的学习自信心、优越感，最终有效提升学生学习能力。因此，基于微课的翻转课堂在大学英语教学中的应用极具可行性。我相信，在今后的英语教学中，基于微课的翻转课堂会为英语教学带来更多、更大的惊喜，不断提升学生学习水平及成绩。

外语有效学习环境的建构对于有效学习非常重要。归根结底，语言学习的过程是学习者与他人（如教师、同伴、母语者）、语言、内容和社会相互作用的过程。应用信息技术促进外语有效学习的途径之一就是建构外语有效学习环境。基于大学英语教学实践，本节提出外语有效学习环境的要素有以下几项。

（1）情境性。语言的使用不能脱离真实使用情境。对外语学习者来说，除了课堂学习之外，很少有机会接触真实的外语使用情境，这就大大降低了语言使用的需求和机会，从而影响语言学习动机。因此，良好的外语学习情境是有效学习发生的前提。

（2）建构性。有效学习意义、语言知识、语言能力的建构。外语学习不仅是外语语言知识的建构过程，还是意义的建构过程、语言使用能力的建构过程。在无数次的意义建构过程中，语言使用能力和语言知识的建构得以循序渐进。

（3）合作性。正如语言的使用不是孤立的行为，外语有效学习也需要与他人的合作，在合作、协作过程中，不断完善外语知识体系，发展外语应用能力。

（4）应用性。对于外语有效学习来说，一个非常重要的环节就是学以致用。所学即所用，这样才能给学习者创造提升自我效能感的条件与机会，在应用语言解决问题的过程中不断增强语言使用的信心，提高语言学习的动力和兴趣。

（5）交互性。外语有效学习随着频繁的、有意义的语言交互活动而发生。语言的交际性毋庸置疑是语言工具说最直接的体现。在交际互动过程中，情感得以抒发、意义得以表达、信息得以传递，语言的人文性得以体现。

（6）社会性。语言的社会性使得外语有效学习依赖于语言学习社区的建立、维护与发展。这里的语言学习社区是线上线下生态学习的产物，为学生提供展示外语学习成果的时空。

（7）个体性。外语学习的个体性强调学习者对于语言知识的个人的、深度的理解，加强语言知识的内化，满足学习者个体语言学习的独特需求，发展学习者个人的学习风格。

（8）参与性。参与才能促进发展，对于外语学习来说，参与尤其重要。学生只有参与外语学习活动、参与到外语应用情境中、参与学以致用地解决问题过程，才能在做的过程中达到学习的目的，给有效学习的发生带来机会。

（9）综合性。外语有效学习的综合性特征主要指语言应用的综合性，包含两个层面：一是语言技能的综合应用；二是平时学习的点滴积累和应用时的整合提取。有效学习能够把碎片化学习获得的语言知识内化整合，使得在应用时完成从零到整的成功转化。

（10）情感性。外语有效学习强调学习者正能量情感的培养，包括较大的学习兴趣、较强的学习动机、较高的自我效能感。这些情感的培养都离不开其他要素，同时与其他要素之间形成良性循环和互动。

本小节关注教对学的促进，依据外语有效学习环境要素，注重学习情境、交互、参与、应用、意义的设计，支持学生线上异步学习、深度理解知识、主动构建意义、综合应用语言，达到对语言应用的深度理解、对学以致用的深刻体验、对英语的学习兴趣与动机的提升。

（四）大学英语 SPOC 翻转课堂：一种有效学习模式

教育技术是通过研究和运用信息技术来促进学习的，教育技术的目标是用技术的方法促进人类的学习。SPOC 环境下翻转课堂是"线上学习"与"课堂教学"有机融合的产物，也是应用现代信息技术促进学科教与学的最好解读。SPOC 是后慕课时代的产物，能够实现在线课程与课堂教学的结合，是使以 MOOCs（Massive Open Online Courses）为代表的在线开放课程落地学校教育的一种"小型私有在线课程"形式。大学英语 SPOC 翻转课堂是后慕课时代大学英语教学改革的必然产物，其目的在于解构与重构课堂教学，弥补传统课堂教学的不足，进而重构学生的英语学习过程，创新英语有效学习的模式。大学英语 SPOC 翻转课堂，包括 SPOC、小课堂和综合应用三个核心构成部分，以主题为轴心，互相联系、互相融合、互相支撑、互相促进，为英语学习创造丰富情景与应用的语境。

（1）SPOC 学习

其主要成分包含两部分：语言知识获取和在线学习社区。大学英语 SPOC 翻转课堂把占用很大课堂时空的知识讲授迁移至 SPOC 平台，每个主题的语言知识分为六个模块：课文导入、课文讲解、句子分析、丰富词汇、文化点津和课文总结，以微课视频资源呈现方式，让学生能够根据个性化的需求进行自主学习、自定步调掌握目标语言知识，这里有三点需要说明。

首先，SPOC 中的系统语言知识内容并不是简单地将纸质教材数字化，而是结合纸质教材、保留传统课堂教学知识传授环节的优势、基于教学团队多年的教学积累和经验，经过系统、合理的教学设计和资源整合及配置，精心制作的与课堂教学相结合的在线学习资源。

其次，利用 SPOC 平台技术，对学习行为和学习过程进行记录、监督、评价，以此来确保线上异步学习的有效性。除了视频问题、模块测验、模块练习、主题讨论，还设置了课文测验、单元测验、主题测验等。此外，每个测验和练习项目都会在学生完成学习后给予及时反馈，以保持学生学习的积极性和兴趣。

最后，实践证明，SPOC 学习能够形成一个在线学习社区。在个性化的学习过程中，英语学习不再是孤立的，而是可以随时在学习社区提出问题、回答同伴提出的问题、找到问题的解决方案、分享自己的学习策略、浏览同伴的故事，让我们参与到一个浓厚的外语学习情景中来，参与到注重知识建构、意义建构的学习社团中来，使学习者与学习内容之间形成强交互。在线学习社区的主体，除了学生外，还有教师团队、助教团队，他们能随时在线答疑解惑，为学生的在线学习保驾护航。

（2）小课堂

有了大学英语 SPOC 的支持，传统课堂中的语言知识讲授得到充分发挥并得以延伸，丰富了语言知识学习的形式与内涵，使语言学习不再枯燥、单调，而是变得更加个性化、多元化、动态化、社会化。与此同时，课堂教学时空得以释放，课堂教学结构得以重构，重构后的小课堂具有如下特点。

首先，课堂容量降低，符合外语课堂学习需求，使每位学生都有参与的机会。SPOC 翻转课堂不仅解决了外语课课时不断减少带来的一系列问题，还有助于舒缓外语课堂教学容量带来的压力。小课堂的容量在 30 人左右，即一个自然班的学生人数，同一个班级的学生不再因为分级教学而被分到不同级别的英语教学班中，而是齐聚小课堂。每个主题的学习目标是一致的，不同学习需求和能力水平的学生到达目标的路径、时间各不相同，能力较高的学生，到达该目标用时较短，反之较长。课堂不再是知识传授的主场，而是要交还给学习主体，注重英语语言综合应用能力的发展，为学生提供语言应用能力的实践机会，引导学生建立线下语言实践社团。小课堂上进行的主要学习环节包括：情境创建、完成微任务、认领大项目、答疑解惑、情感调节、策略指导、展示项目成果、课堂评价。

其次，小课堂更加注重促进有效学习的教学设计。重构后的课堂教学更加关注如何促进课堂内外有效学习的发生。围绕主题创设语言应用情景、设计大大小小的任务和项目，使每位学生都参与到任务与项目的实施过程中，在"做"中不断提高英语综合应用能力，是小课堂的核心目标。任务与项目是相对而言的，任务难度较小、用时较短，能够在课堂环境中完成，主要通过个人或小组合作完成；项目难度较大、用时较长，主要以解决问题为导向，需要学生进行团队协作，共同建构意义。任务与项目可以分为两种：与课文直接相关或与主题直接相关。这样设置的目的是使线上学习有的放矢，也为线上学习提供了学以致用的时空。值得指出的是，学生在小课堂获得的成就感会增强英语学习兴趣，提高自信心，从而促进英语学习进一步发展。

最后，小课堂应用移动学习管理 APP 完善课堂学习过程记录、监督与评价，促进公平性、竞争性学习。移动学习应用的出现，使课堂教学管理更加智能化，如笔者在教学实践中应用的"蓝墨云班课"，所有课堂活动及所需资源都通过该应用发布，每位学生完成任务的情况都被记录，方便课堂任务管理和评价，把教师从记录每位学生学习情况的过程中解放出来，帮助教师进行课堂教学过程管理。

（3）综合应用语言输入与输出能力

输入与输出要相互转化、相对统一发展，才能使外语语言能力整体和谐发展。接受性能力不等同于产出性能力，但是二者之间可以相互转化、相互促进、协调发展，并最终达到语言能力的整体发展。输出彰显能力，输出质量高则转化为输入来源；反之，输入资源能力理解吸收后可转为输出，但这一转化需要外力的促进，即多样化、真实性的语言应用任务，促使学生在输入的基础上应用语言，在应用中把输入获得的语言知识转化为输出性能力。在大学英语 SPOC 翻转课堂模式下，所有环节（包括学习内容、知识理解、学习策略、综合应用）都以任务驱动，强调语言学习的情境性、建构性、合作性、应用性、交互性、社会性、个体性、情感性、参与性和综合性，使英语学习关注语言输入与输出能力之间的转换，通过输出能力的训练带动输入能力培养，最终达到外语语言能力的整体和谐发展。整个学习过程都以"线上＋线下"资源为支撑，注重语言应用过程。

综上所述，大学英语 SPOC 翻转课堂的第三个有机成分就是线下综合应用，这也是有效学习模式的一个非常重要的部分。它使课堂教学效果得以延伸、课堂教学的层次得以丰富、课堂教学的影响周期得以延长，是课堂教学与课外学习有效统一的动力。线下综合应用主要指学生在主题语境中，完成各种与主题相关的解决问题项目，这其实也形成了一个线下语言实践社团。设计一个良好的项目，可以掀起一波外语学习与语言应用的热潮。线下综合应用既体现了小课堂与课外学习的衔接与统一，也体现了小课堂对英语学以致用的支撑与指导。

（五）SPOC 翻转课堂对有效学习的支持

大学英语 SPOC 翻转课堂从多角度支持英语有效学习的发生，如图 7—1 所示。

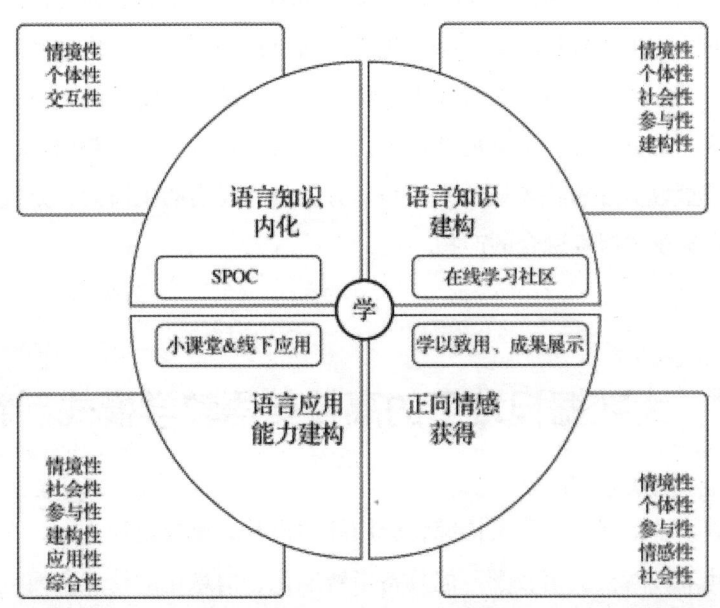

图 7-1　大学英语 SPOC 翻转课堂对英语有效学习的支持

（1）支持语言知识内化。英语有效学习是学生自身外语能力发展的需求，SPOC 为学生个性化学习提供优质资源的同时，也提供了时间和空间的便利。SPOC 各类资源由教学一线团队研发提供，结合了多年教学的经验、先进的教学理念、多模态信息的呈现方式。围绕同一主题，丰富的课程内容为学生创设了语言学习情境，为语言知识的学习提供了真实的语境。微课视频的自适应式播放，方便学生进行个性化自主学习，视频问题、各类练习和测验及即时反馈信息为促进语言知识的内化提供了手段、工具和环境。

（2）支持语言知识建构。SPOC 在线论坛等课程交互功能及广泛联通的社交网络，为在线英语学习社区的形成提供了强大的支撑。学生通过在线学习社区随时参与到与同伴、教师、助教交流和互动过程中，去分享经验、资源、策略、心得，探讨话题、交流思想、提出问题、解答问题，在你来我往的在线互动交流中，新内容、新知识得以生成和巩固，促进语言知识的深度理解，语言知识在社会性应用与情境性语境中得以产生。

（3）支持语言应用能力建构。小课堂上丰富多彩的基于 SPOC 主题和内容的微任务与大项目，为语言学习提供了真实的应用情境，学生在完成大项目的过程中，能够体验在真实社会应用语境中解决问题的过程、体验团队实践的力量、体验综合应用语言的成就感，在应用的过程中逐渐建构自身的英语应用能力。

（4）支持正向情感获得。无论是在线学习社区、SPOC 学习，还是线下小课堂和线下综合应用，都为学生英语学习成就感的获得、学习兴趣的提升、学习动机的增强提供了动力。此外，大学英语 SPOC 翻转课堂还利用社交平台，如专门成立微信公众号"贝壳英语"，用来推送学生作品，包括大项目视频作品、写作作品等，为学习成果展示提供了更广阔的平台。在线课程、移动学习、翻转课堂等的出现为大学英语课堂教学有效学习的发生提供了新的技术平台、工具与资源。大学英语 SPOC 翻转课堂在解构传统课堂教学并重构英语课堂教与学方面具有旺盛的生命力，是外语课堂教学与现代教育信息技术深度融合的产物。

第四节　大数据视域下的高校英语教学模式创新分析

高校英语教学是促进学生英语综合应用能力提升的重要途径之一，在科学技术不断发展的推动下，高校英语教学不但具备了智能化、信息化的特点，而且其教学水平也得到了大幅度的提升。本小节主要是就大数据视域下的高校英语教学模式的创新进行了简单的阐述和分析。

一、大数据视域下优化高校英语教学观念

大数据时代背景下的高校英语教学模式创新，必须充分重视英语教学观念对英语教学水平提升所产生的影响。随着信息化时代的来临，高校应该将促进英语教学质量的提升以及培养优秀英语专业人才作为其教育教学活动开展的首要目标。而英语教学观念的转变则是确保这一目标顺利实现的关键。经过深入的调查研究发现，现阶段很多高校都存在着英语教学观念相对传统落后的现象。而这也是导致高校英语教学无法

适应信息化社会发展需求的重要原因之一。为了改变这一现状，高校必须紧跟大数据时代发展的步伐，积极地进行英语教学体系的重新设计与调整，同时要求高校英语教学工作者转变传统英语教学理念，通过高校建立高校内部信息化与数字化英语教学体系的方式，促进高校英语教学质量和效率的不断提升。

二、大数据视域下创新大学生英语学生形式

大数据时代为全民信息化时代的来临奠定了良好的基础。通过对影响高校英语教学效率提升原因的分析后，发现在进行大数据视野下的英语教学模式改革与创新时，教师教学手段的丰富以及教学方法的创新，不仅是促进学生英语语言应用能力不断提升的关键，还是衡量教师教学能力高低的重要标准。而高校英语教师必须积极地学习先进英语教学理念以及教学设备操作的方法，才能促进其英语教学能力和效率的全面提升。比如，使用多媒体、微课或者慕课的英语教师比使用传统口头教学、提问或者板书教学的英语教师更受学生的欢迎，学生学习的主动性和积极性也相对提高。所以，教师必须紧跟大数据时代发展的步伐，充分发挥信息技术的优势，将学生的兴趣爱好与英语教学紧密地结合在一起，引导和鼓励学生运用现代科学的方法学习英语，从而达到促进学生英语学习质量和效率不断提升的目的。

三、大数据技术可以更好地了解大学生的切实需要

大数据不仅具有数据收集、分析的能力，而且利用大数据得出的数据分析结果的准确性以及参考价值也相对较高。所以，高校必须充分利用大数据的这一特点，收集和整理大学生英语学习的实际需求，然后根据最终的数据分析结果，制定切实可行的英语教学策略，才能满足大学生英语学习的要求。比如，高校可以通过了解大学生使用搜索引擎的方式掌握学生学习的兴趣和需求，寻找学生学习英语知识的兴趣点，然后再根据学生学习的兴趣，制定英语教学计划并安排英语教学内容。另外，高校还可以采取填写网络调查问卷的方式，征求广大学生对英语教学的建议和想法，然后根据实际的情况及时地进行英语教学方法的改革与创新，才能达到促进高校英语教学质量和效率稳步提升的目的。

四、大数据视域下可以更好地实现个性化教学

信息和数据泛滥是大数据时代最显著的特点之一，那么在海量数据信息中选择符

合自己需要的信息对于学生的学习具有极为重要的影响。这就要求高校英语教师在日常教学过程中，必须加强对学生信息选择能力培养，才能确保学生能够顺利地找出符合自己要求的信息。比如，高校图书馆中隐藏着不同的学习资料、文学资料以及学术资料等数据信息。为了充分发挥出这些数据信息对学生学习的帮助作用，高校必须采取积极有效的措施为学生提供个性化的服务，这样才能促进图书馆资源利用效率的不断提升。另外，高校应该紧跟大数据时代发展的步伐，积极地利用多媒体教学设备启发学生的兴趣，通过多媒体播放美剧为学生营造良好的英语学习环境，引导学生在轻松愉悦的环境下学习英语知识。由于信息共享是大数据时代的主要特点，高校在开展英语教学时，必须将学生视为大数据时代的信息载体，通过与学生之间建立信息共享平台的方式，激发出学生学习英语知识的兴趣。比如，教师可以将经过整合的英语资料放在共享网络上，而学生则可以通过下载教师共享的资料进行英语知识的学习。经过这样的过程，不但学生自主学习的能力得到了有效的培养，而且学生与学生之间的信息共享也为团队精神与合作精神的培养奠定了良好的基础。

五、大数据视域下可以更好地进行智能平台的建设

大数据时代为高校英语教学向科学化、信息化、现代化、高效化方向的发展提供了新的契机。对高校而言，必须充分借助大数据时代的优势和机遇，构建符合自身实际发展需求的智能化英语教学平台。比如，现阶段我国高校流行的慕课、翻转课堂等新兴的英语授课方式，都是在大数据的推动下兴起并被广泛应用，充分发挥大数据时代的优势，建立智能化的英语教学平台，对于学生英语学习兴趣的调动有着极为重要的意义。随着高校智能化英语教学平台的建立，英语教学效率以及学生英语学习效率都得到了显著提升。所以，高校必须紧跟大数据时代发展的特点，积极地进行传统英语教学模式的改革与创新，才能在满足现代社会与大学生英语能力需求的基础上，为大学生的后期成长与发展奠定坚实的基础。

总而言之，大数据是当前时代发展的主要特征，大数据技术的推广和应用已经成为社会发展的必然趋势。作为高校而言，必须紧跟社会发展的步伐，充分发挥大数据技术的优势，进行英语教学模式的改革与创新，才能确保英语教育教学工作的顺利开展。同时，高校还应重视大数据时代的特点和要求，进一步拓展英语教学的范围，才能在促进高校英语教学水平和质量不断提升的同时，培养出符合大数据时代特点和要求的综合型应用人才。

参考文献

[1] 曾大立.信息化教育与英语教学 [M].北京：九州出版社，2018.

[2] 曾宇钧.信息技术背景下的英语翻译与教学实践 [M].北京：海洋出版社，2021.

[3] 陈细竹，苏远芸.大学英语教学模式的革新与发展研究 [M].长春：吉林人民出版社，2021.

[4] 成畅.大学英语教学与课程建设新探索 [M].长春：吉林人民出版社，2021.

[5] 程亚品."互联网+"时代下信息技术与英语教学的深度融合 [M].天津：天津科学技术出版社，2019.

[6] 邓金娥，吴菲，熊华霞.高校商务英语信息化教学改革研究 [M].延吉：延边大学出版社，2019.

[7] 丁睿.大学英语教学发展研究 [M].长春：吉林人民出版社，2019.

[8] 丁煜，等.大学英语教学多维探究 [M].武汉：华中科技大学出版社，2021.

[9] 高芳，李敏.信息化环境下的英语教学研究 [M].北京：中国商务出版社，2022.

[10] 侯海冰.当代高校英语信息化教学改革研究 [M].北京：北京工业大学出版社，2021.

[11] 侯志荣.信息化时代大学英语混合式教学研究 [M].长春：吉林人民出版社，2021.

[12] 胡雯，武小丹.信息化背景下大学英语教学改革创新 [M].北京：中国书籍出版社，2021.

[13] 霍瑛.多元文化视域下的大学英语教学 [M].长春：吉林人民出版社，2021.

[14] 康洁平.信息化背景下高校英语混合式教学模式探索与应用 [M].北京：中国书籍出版社，2021.

[15] 康燕茹.教育信息化与中小学英语教学创新研究 [M].长春：吉林人民出版社，2020.

[16] 李红霞.大学英语教学研究 [M].天津：天津科学技术出版社，2017.

[17] 李晓玲.大学英语教学方法研究 [M].西安：陕西科学技术出版社，2020.

[18] 吕文丽，庞志芬，赵欣敏 . 信息化时代下的大学英语教学改革探索 [M]. 长春：吉林大学出版社，2019.

[19] 毛佳玳 . 信息化背景下高校英语教学创新研究 [M]. 杭州：浙江工商大学出版社，2022.

[20] 莫英 . 信息化背景下大学英语教学改革与创新思维 [M]. 成都：四川大学出版社，2018.

[21] 孙舒和 . 商务英语教学与信息化融合研究 [M]. 长春：吉林出版集团股份有限公司，2021.

[22] 孙瑜 . 信息化背景下高职英语教学改革路径创新研究 [M]. 延吉：延边大学出版社，2022.

[23] 汤海丽 . 高校英语信息化教学改革与微课教学模式探究 [M]. 北京：冶金工业出版社，2018.

[24] 唐君 . 高校英语信息化教学研究 [M]. 北京：中国国际广播出版社，2018.

[25] 王凤玲 . 信息化背景下大学英语教学的变革与探索 [M]. 吉林出版集团股份有限公司，2021.

[26] 王九程 . 信息化时代高职英语教学研究 [M]. 长春：吉林人民出版社，2020.

[27] 王冕，常海鸽 . 高校商务英语信息化教学改革研究 [M]. 吉林出版集团股份有限公司，2022.

[28] 魏琴 . 信息化背景下大学英语教学研究 [M]. 长春：吉林人民出版社，2020.

[29] 吴白兰 . 信息化背景下大学英语教学研究与实践 [M]. 北京：北京工业大学出版社，2019.

[30] 吴文亮 . 信息化时代高校英语教学理论的解构与重塑 [M]. 长春：吉林大学出版社，2019.

[31] 于明波 . 基于现代教育技术的大学英语教学改革路径探析 [M]. 中国纺织出版社，2022.

[32] 翟平丽 . 大学英语教学与教师信息化素养研究 [M]. 延吉：延边大学出版社，2022.

[33] 张娇媛 . 高校英语混合式教学与信息技术应用 [M]. 天津：天津科学技术出版社，2019.

[34] 张墨 . 信息时代背景下大学英语教学方法整合新探 [M]. 长春：吉林出版集团股份有限公司，2021.

[35] 张玉洁 . 信息时代大学英语教育现状与教学模式探究 [M]. 北京：北京工业大

学出版社，2019.

[36] 赵晓峰 . 信息技术环境下的英语教学研究 [M]. 天津：天津科学技术出版社，2019.

[37] 钟泽洲 . 大学英语信息化教学模式 [M]. 吉林出版集团股份有限公司，2018.

[38] 周保群 . 大学英语教学模式与课程建设研究 [M]. 重庆：重庆大学出版社，2020.